DIE

Siegfried Scharf

Die Praxis der Herzensmeditation

Wort – Meditation
Liebe – Strahlung
Heil – Meditation

Ein Weg für den westlichen Menschen
als Synthese christlicher Gebetspraxis
und östlicher Meditationsweisen

Verlag Hermann Bauer
Freiburg im Breisgau

Die Deutsche Bibliothek – CIP-Einheitsaufnahme

Scharf, Siegfried:
Die Praxis der Herzensmeditation : Wort-Meditation,
Liebe-Strahlung, Heil-Meditation ; ein Weg für den
westlichen Menschen als Synthese christlicher Gebetspraxis
und östlicher Meditationsweisen / Siegfried Scharf. –
2. Aufl., unveränd. Nachdr., Sonderausg. –
Freiburg im Breisgau : Bauer, 1999
ISBN 3-7626-0741-9

Die 2. Auflage von *Die Praxis der Herzensmeditation*
ist ein unveränderter Nachdruck der 1. Auflage,
die 1976 im Aurum Verlag, Freiburg i. Br., erschien.

2. Auflage 1999
ISBN 3-7626-0741-9
© 1999 by Verlag Hermann Bauer KG, Freiburg i. Br.
Das gesamte Werk ist im Rahmen des Urheberrechtsgesetzes
geschützt. Jegliche vom Verlag nicht genehmigte Verwertung
ist unzulässig. Dies gilt auch für die Verbreitung durch Film,
Funk, Fernsehen, photomechanische Wiedergabe, Tonträger
jeder Art, elektronische Medien sowie für
auszugsweisen Nachdruck.
Einband: Ralph Höllrigl, Freiburg i. Br.
Druck und Bindung: Wiener Verlag GmbH, Himberg
Printed in Austria

*In der Meditation vollzieht sich
die Umwandlung des Menschen
zum Wahren und Wesentlichen;
sie ist der Weg zur inneren Freiheit
und zu einem größeren, gottgeeinten Leben.*

Wir dürfen daher auch behaupten, daß es außer der diskursiven Betrachtung und dem affektiven Gebet eine noch einfachere Gebetsform gibt, die, weil in ihr der betrachtende Diskurs fehlt und der beschauliche Akt, d. h. die liebeerfüllte Intuition, den Vorrang hat, mit vollem Recht als Beschauung bezeichnet werden kann. Man kann sie genausogut Gebet des einfachen Blickes nennen, da in ihm ja die Intuition, die Schau vorherrscht und nicht die verstandesmäßige Überlegung; ebenso Gebet der Einfachheit, weil die Tätigkeit des Verstandes und des Willens in ihr so weit vereinfacht wurde, daß beide sich auf eine alles umfassende, liebevolle Aufmerksamkeit auf Gott beschränken.

Giacomo Kardinal Lercaro,
Wege zum betrachtenden Gebet.

INHALT

Einleitung 9
   Die Notwendigkeit übergegenständlicher Meditation
   Über die Vertiefung des Gebets zur Meditation
   Vereinigung östlicher Meditations- und christlicher
   Gebetserfahrung in der Herzensmeditation
   Offene Gottesvorstellung – Einswerden mit Gott
   Verwandlung aus der Kraft des Grundes
   Geistige Aktivität und übergegenständliche Meditation
   Wendung nach außen – fünf besondere Aspekte der
   Herzensmeditation
   Wirkung der Meditation auf den ganzen Menschen

1. Warum brauchen wir Meditation? 31

2. Was ist Meditation? 37

3. Wer sollte meditieren? 41

4. Die Kraft des Namens Jesus Christus . . . 43

5. Braucht der Meditierende einen Meister? . . 47

6. Die Praxis der Herzensmeditation in Kürze . 57
   Grundübung (Wort-Meditation) und Liebe-Strahlung

7. Von der Liebe-Strahlung zur Heil-Meditation . 73

8. Drei Fehlhaltungen bei Anfängern 87

9. Ergänzende Hinweise zur Praxis 91

10. Der christliche und der allgemein-religiöse
    Aspekt der Herzensmeditation 97

11. Wer die Herzensmeditation übt, ist nicht allein 99

    Literaturverzeichnis 103
    Über den Autor 107

Einleitung

Es ist offensichtlich, daß das Bedürfnis nach Meditation, nach Vertiefung und nach einem wesentlichen Leben wächst in dieser Zeit. Immer mehr Menschen beginnen zu spüren und zu erkennen, daß eine Einbeziehung der Meditation in ihr Leben notwendig ist, soll diesem ein neuer Gehalt und eine tiefere Sinnerfüllung gegeben werden. Es ist oft kaum möglich, die Belastungen des Berufes und des Alltags auf die Dauer ohne ernstliche Schädigungen der Gesundheit und insbesondere der Nerven zu ertragen, wenn das ausgleichende, Ruhe und neue Kraft vermittelnde Element der Vertiefung fehlt.

Die Notwendigkeit übergegenständlicher Meditation

In dieser Situation, die Hilfe durch geistige Sammlung und Vertiefung erfordert, bieten sich heute Möglichkeiten in wachsender Zahl an. Yoga, Zen und andere östliche Wege zur Vertiefung finden im Abendland eine stets zunehmende Anhängerschaft. Zahlreiche Christen wenden sich östlichen Meditationsmethoden zu, da sie spüren, »daß Meditation ihnen etwas zu geben vermag, das ihnen ohne Meditation nicht gegeben werden konnte«, wie C. F. von Weizsäcker dies ausdrückte. Einige von ihnen, wie beispielsweise Pater Enomiya-Lassalle und andere, sind seit längerem bemüht, die Zen-Meditation im katholisch-christlichen Raum heimisch zu machen.

Es gibt aber auch Christen, die versuchen, aus der alten christlichen Tradition heraus für den Menschen der Gegenwart brauchbare Wege der Vertiefung neu zu entdecken und anzubieten. Hierbei besteht die Schwierigkeit, daß die bekanntesten Methoden des vertieften Gebetes und der Betrachtung, wie sie vor allem im Mittelalter geübt wurden (zum Beispiel die des Ignatius von Loyola), Weisen der *gegenständlichen* Betrachtungen waren. Es ist jedoch heute immer wieder festzustellen, daß der moderne Mensch – auch der noch religiöse – kaum oder nur selten in der Lage ist, von der gegenständlichen Betrachtung zur tiefen, alles Gegenständliche und Gegensätzliche überschreitenden *übergegenständlichen* Meditation zu gelangen. Dies ist ein Grund dafür, warum heute die übergegenständliche Zen-Meditation im katholischen Bereich einen so starken Eingang fand.

Oberkirchenrat Jürgen Linnewedel führt in seinem Buch *Mystik – Meditation – Yoga – Zen,* in dem er versucht, Verständnis für die Wege der Vertiefung und der Mystik zu wecken, die Mystik der heiligen Therese von Avila und von Meister Eckehart sowie das Herzensgebet der Ostkirche als Beispiele christlicher Mystik an. Er bringt dann im zweiten, praktischen Teil seines Buches als »Beispiel dafür, wie man heute Versenkung üben kann«, Meister Eckeharts »Gebet aus ledigem Gemüt«. Es handelt sich hier um eine christliche, übergegenständliche Meditation.[1]

Einen ähnlichen Weg ging ein unbekannter englischer christlicher Mystiker des 14. Jahrhunderts, der als Verfasser der »Wolke des Nichtwissens« gilt, einer damals anscheinend recht weit verbreiteten Methode des

---

[1] Der Begriff Meditation wird von J. Linnewedel allerdings außerordentlich eng gefaßt. Was er als Kontemplation und mystisches Eins-Erleben bezeichnet, gilt uns als tiefe Meditation.

mystischen Gebets. Pater Enomiya Lasalle weist in seinem Geleitwort zu dem von Willi Massa neu herausgegebenen Text der »Wolke des Nichtwissens«[2] auf die Ähnlichkeit dieser Methode der Vertiefung mit der Zen-Meditation hin und erklärt, daß »viele Menschen heute trotz ihres treuen Festhaltens am Christentum in ihrem Glauben verunsichert« seien. Er spricht weiter davon, daß »auch die Zahl derer, denen die traditionellen Betrachtungsmethoden und andere überkommene Formen der Frömmigkeit nicht mehr zusagen«, groß sei. Daher sei es bezeichnend, daß die »Wolke des Nichtwissens«, die wie eine Brücke zwischen östlicher und westlicher Mystik anzusehen sei, in unserer Zeit – da viele Menschen sich den östlichen Meditationsweisen zuwenden – einen so großen Anklang finde.

In der Zuwendung zahlreicher Menschen der Gegenwart zu den übergegenständlichen Meditationsmethoden kommt die Sehnsucht nach der Erfahrung eines größeren Lebens zum Ausdruck, das nur jenseits des vom Menschen selbst »Machbaren« als das »ganz andere«, als transzendente Wirklichkeit zu finden ist. Viele Menschen spüren heute, daß der Bereich ihrer eigenen Vorstellungen und Erwartungen, und auch des eigenen Tuns und Wollens, überschritten werden muß in einer reinen, bild- und vorstellungsfreien Zuwendung und Hingabe an Gott und an seinen Geist der Wahrheit.

---

[2] W. Massa: *Kontemplative Meditation, die Wolke des Nichtwissens — Einführung und Anleitung*, Topos-Taschenbuch, Matthias-Grünewald-Verlag, Mainz 1974.

Über die Vertiefung des Gebets zur Meditation

Im »Herzensgebet« der Ostkirche[3] wird seit vielen Jahrhunderten, ausgehend von den Wüstenvätern der ersten nachchristlichen Zeit bis auf den heutigen Tag, ein meditatives Gebet praktiziert. Das unablässig wiederholte kurze Gebet: »Herr Jesus Christus, erbarme Dich meiner (unser)« wird von denen, welche dieses Gebet über viele Jahre hinweg praktizieren, oft so vereinfacht und verwesentlicht, daß schließlich nur noch der Name des Herrn betend-meditierend im Geist und im Herzen bewegt wird, wie Gebhard Frei im Nachwort des Buches *Das Herzensgebet, Mystik und Yoga der Ostkirche* bemerkt.

Wo das Herzensgebet diese letzte Vereinfachung erfährt, wird es zur Herzens*meditation*, zur gesammelten, vertieften geistigen Hinwendung zu Jesus Christus und seinem reinen Geist bei gleichzeitigem Zurücktreten und Verblassen aller eigenen Gedankentätigkeit. In der geistigen Ausstrahlung des russischen Starzentums und der Mönchsgemeinschaften des Athos wurde die Wirkung des Herzensgebets bis in unser Jahrhundert hinein spürbar und sichtbar.

Wie die Erfahrung zeigt, ist das Herzensgebet in seiner alten, überlieferten Form – trotz seiner Vorzüge gegenüber manchen anderen Gebetsweisen – jedoch für den im Berufs- und Alltagsleben stehenden modernen Menschen infolge seines Wortumfanges und der Koppe-

---

[3] Siehe hierzu: *Das Herzensgebet, Mystik und Yoga der Ostkirche*, O. W. Barth Verlag, München 1957.
Selawry, Alla: *Das immerwährende Herzensgebet*, O. W. Barth Verlag, Weilheim 1970.
Jungclausen, Emmanuel (Hrsg.): *Aufrichtige Erzählungen eines russischen Pilgers*, Herder Verlag, Freiburg 1974.

lung an Atmung und Herzschlag noch nicht einfach und unkompliziert genug, um ohne besondere Schwierigkeiten und Gefährdungen erfolgreich geübt zu werden. Die heutige Zeit fordert geradezu eine in höchstem Maße vereinfachte, wirkungsvolle Form des Gebets. In der einfachsten Form aber wird das Gebet zur Meditation, zu der alles Unwesentliche ausschließenden Hinwendung zum Geist der Wahrheit in Jesus Christus. Dies geschieht in der Herzensmeditation.

Nicht nur die Ostkirche kennt diesen Weg der Vertiefung über das Gebet zur Meditation. Auch im westlich-christlichen Bereich führte das Gebet – im Mittelalter weit mehr als heute – zuweilen zu so hohen Graden der Vertiefung, daß mit Recht von fließenden Übergängen zur Meditation gesprochen werden kann, wenngleich dieser Begriff damals wenig gebräuchlich war. Als Gebet der Einfachheit, der Ruhe und der Sammlung, als Gebet des einfachen, liebenden Blickes, als erworbene Beschauung und ähnlich wurden jene vertieften meditativen Gebetsweisen bezeichnet, die weitgehend dem entsprechen, was heute als Meditation verstanden wird. Kardinal Lercaro gibt einen ausgezeichneten Überblick über die verschiedenen Gebetsweisen. Er spricht davon, daß das im Mittelalter von einer so tiefen Geistigkeit erfüllte, tiefdringende betrachtende Gebet heute bei der Mehrzahl der Priester, Ordensleute und Laien innerhalb einer »breiten Zone der Mittelmäßigkeit« sein hohes Niveau und damit seine geheime Anziehungskraft und seine Entwicklungsmöglichkeit weitgehend verloren habe[4], und fährt dann fort: »Ganz von selbst erhebt sich in uns jetzt die Frage:

---

[4] Lercaro, Giacomo Kardinal: *Weisen des betrachtenden Gebets*, Herder Verlag, Freiburg 1959, S. 365.

warum hat die so reiche Blüte von Gebetsmethoden, die das 17. und 18. Jahrhundert auszeichnete, heute ganz aufgehört? Warum überleben so wenige dieser Methoden – die ignatianische ausgenommen, die oft genug recht armselig erklärt und gelehrt wird – und haben über einen engen Zirkel hinaus, den wir Familienkreis nennen könnten, jeden Anhang verloren? Warum erleben wir, daß ganze Ordensfamilien Methoden, die in ihrer Mitte entstanden und gewachsen sind, heute nicht mehr pflegen? Warum hat man das diskursive Gebet zur letzten Stufe des mit der gewöhnlichen Gnade erreichbaren Gebetes erklärt? Warum scheint es Menschen, die ein intensives innerliches Leben führen wollen, eine Vermessenheit zu sein, nach dem Gebet der Einfachheit zu streben?

Es deucht uns nicht ganz unnütz, auf diese Fragen den Versuch einer Antwort zu geben, da sie in ihrer Gesamtheit ein schmerzliches Absinken des Interesses an der Betrachtung zu bekunden scheinen, und zwar nicht nur bei den Massen, sondern auch bei der heutigen katholischen Elite.«

Kardinal Lercaro betont die Notwendigkeit des methodischen Gebets und der regelmäßigen Übung und gibt seiner Hoffnung Ausdruck, daß heute neue, den Bedürfnissen der gegenwärtigen Zeit besonders entsprechende Weisen des Gebets gefunden werden mögen: » ... und wir dürfen uns auch von neuen Lehrern neue Methoden erhoffen, die dann, sofern das notwendig wäre, auch den besonderen Verhältnissen unserer heutigen Geistigkeit noch besser entsprechen. Eines aber steht fest und wird durch die jahrhundertelange Erfahrung der christlichen Aszetik erhärtet: das ist die Notwendigkeit des methodischen Gebets für ein Leben der Vollkommenheit, seine Unersetzbarkeit, welche die

Kirche in einem kanonischen Gesetz sanktioniert hat ...«

Es ist zu beachten, daß der christliche Weg zum vertieften, meditativen Gebet über die Jahrhunderte hinweg in der Regel vom diskursiven Gebet und von der gegenständlichen Betrachtung her zu entwickeln versucht wurde. (Wobei vor allem Meister Eckeharts »Gebet aus ledigem Gemüt« und »Die Wolke des Nichtwissens« des unbekannten englischen Mystikers als übergegenständliche christliche Meditationsweisen eine Ausnahme bilden.) Die große Mehrzahl der Betenden und Betrachtenden vermochte über die ersten, oberflächlicheren Stufen des Gebets – in denen gedankliche Bewegtheit, willensmäßige Aktivität und ein starker Subjekt-Objekt-Gegensatz vorherrschen – nicht hinauszugelangen zu einer derartigen Vertiefung, daß alle eigene Bewegtheit und alles eigene »Tun« weitgehend zurücktritt und die Erfahrung der Einheit möglich wird. Daher vermochten sie jener besonderen Segnungen nicht teilhaftig zu werden, die mit dem tiefen, meditativen Gebet verbunden sind, welches in tiefster innerer Hingabe an Gott zur übergegenständlichen Meditation und zur Einswerdung mit dem göttlichen Grund führt.

Obwohl in früheren Jahrhunderten ein kontemplatives Leben noch weit eher möglich war als heute, beklagt der spanische Mystiker Johannes vom Kreuz schon zu seiner Zeit, daß viele Priester und Seelenführer die ihnen anvertrauten Gläubigen – oft entgegen deren Wunsch – nicht über die ersten, oberflächlichen Stufen des diskursiven Gebets hinaus zu führen vermögen, daß sie oft selbst keine tieferen Gebetserfahrungen besitzen und ihren Gläubigen den Weg dazu verstellen. Da das unruhige und aufreibende Leben des modernen Menschen ungleich ungünstigere Voraussetzungen dafür bietet, den einzelnen vom diskursiven Gebet und von der gegenständlichen Betrachtung zur übergegenständlichen, tiefen Meditation gelangen zu lassen, hat dieser traditionelle christliche Weg an Anziehungkraft verloren, wie dies auch in den oben zitierten Worten Kardinal Lercaros zum Ausdruck kam.

Vereinigung östlicher Meditations- und christlicher Gebetserfahrung in der Herzensmeditation

Aus der Notwendigkeit heraus, einen neuen Weg der Vertiefung zu finden, welcher den Bedürfnissen und Erfordernissen des in der heutigen Zeit lebenden, suchenden Menschen entspricht, erwuchs aus jahrelanger praktischer Übung verschiedener Meditationsmethoden (wie insbesondere der Zen-Meditation, der transzendentalen Meditation, der von Buddha empfohlenen Achtsamkeit auf den Atem und der Liebe-Strahlung) die von uns entwickelte Herzensmeditation. Sie kann der übergegenständlichen Meditation zugeordnet werden, da sie auf jegliche Bilder und Vorstellungen verzichtet. Lediglich das Meditationswort gibt anfänglich den unruhig bewegten Gedanken einen Halt, um sie allmählich zu besänftigen, zu sammeln und zur Ruhe kommen zu lassen. In dieser gesammelten Ruhe wächst der Mensch hin zur Fähigkeit, durch das Vordergründig-Bewegte hindurch zur Wahrnehmung des Wesentlichen zu gelangen. So vermag er den Zugang zu erlangen zu dem, was als tiefster Grund menschlichen Seins erfahrbar ist und zugleich mit Gott verbindet und von ihm her das Bewußtsein licht- und kraftgebend erfüllt. Dieser einfache, gerade Weg zur übergegenständlichen Meditation vereint in sich östliche Meditations- und christliche Gebetserfahrung und erfüllt alle Voraussetzungen, die vorhanden sein müssen, um insbesondere dem Christen von heute den Zugang zur lebendigen Erfahrung neu zu erschließen. Erst dort, wo die Inhalte und Wahrheiten des überlieferten Glaubens wieder zu neuem, ureigenstem Leben erweckt werden können und neue und tiefere Einsichten möglich werden, ist der Glaube wahrhaftig lebendig und tragfähig in allen Situationen des Lebens. Mit dem neu erwachsenden tiefen Vertrauen zu den helfenden und heilenden göttlichen Mächten wächst die lichte, aufwärtstragende Kraft des Guten im Menschen. Er wird immer fähiger, alles Dunkle, Bedrückende und Niederziehende abzuwehren und in sich zu überwinden. So wächst er einem helleren und heileren Sein und damit einem besseren Schicksal entgegen.

Offene Gottesvorstellung – Einswerden mit Gott

Es mag angebracht sein, hier darauf hinzuweisen, daß eine einseitig-oberflächliche Gottesvorstellung und das starre Festhalten an ihr zu einem Meditationshindernis zu werden vermag. Der Meditierende muß bereit und fähig sein, alle Vorstellungen von Gott loszulassen, um vom Geist und Wesen Gottes selbst erfaßt und erfüllt zu werden und die tiefste Einheit zu erfahren, die rein und ungetrübt und jenseits aller trennenden Bilder und Begriffe zu finden ist. Gott tritt dem Menschen sowohl als der Gegenüberstehende, unendlich Große und Erhabene entgegen, der durch das Gebet ansprechbar ist. Er läßt sich aber auch im tiefsten Grund der Seele finden als der dort Gegenwärtige, als der wahres Leben gebende Ur-Grund menschlichen Seins. Christliche Mystiker wie beispielsweise Meister Eckehart sprechen vom »Seelengrund«, in dem Gott gegenwärtig ist, und vom »Fünklein göttlichen Geistes«, das in der tiefen mystischen Schau wie in der tiefen Meditation erfahren werden kann und die Einswerdung ermöglicht.

Im Vorwort zu dem oben erwähnten Werk *Kontemplative Meditation* schreibt Pater Willi Massa u. a.: »Ohne Zweifel lehrt die ›Wolke‹ die Methode der bildlosen Versunkenheit, also die ›athematische‹, die ›übergegenständliche‹ Weise der Meditation. Hier geht es nicht um Eindringen in Inhalte, sondern um das Einlassen in den Grund, unter Ausblendung aller Wahrnehmungen und Überschreitung aller Denkvorgänge und Willensimpulse. Darin ähnelt diese Methode sehr dem japanischen Zen.

Hier liegt auch, psychologisch betrachtet, der Unterschied zur Betrachtung oder ›Intentionalen Meditation‹. Die Aktivität des empirischen Ich hört auf, und der Meditierende läßt sich ein in den Grund seines Wesens, um dort auf den Bereich der absoluten Wirklichkeit zu stoßen . . . Die Existenz dieses Bereichs der Anwesenheit absoluten Seins in unserem Wesensgrund bezeugen einhellig die Erleuchteten aller Religionen und Zeiten. Mögen ihre Ausdrucksweisen verschieden sein, die Bilder kulturell geprägt, wie die ›Seelenburg‹ der Theresa, der ›Seelenfunke‹ Eckeharts, der ›Grund‹ Taulers, die ›Buddhanatur‹ der Buddhisten, um nur einige zu nennen, so weisen sie dennoch alle in die gleiche Richtung des Phänomens.«

Die Meditation, welche *Die Wolke des Nichtwissens* lehrt, weist von der Zielsetzung wie von der Methode her eine große Ähnlichkeit mit der *Herzensmeditation* auf. Dies kommt unter anderem zum Ausdruck in der Übung der »reinen Gegenwärtigkeit«, der »kontemplativen Liebe« und des »Verweilens in einem Wort«, wenngleich letzteres in etwas anderer Weise als in der Herzensmeditation geübt wird.

Verwandlung aus der Kraft des Grundes

Aus dem zuvor Gesagten ergibt sich zugleich eine Antwort auf die oft gestellte Frage, wie denn die anderen und insbesondere die östlichen Meditationsweisen zu beurteilen seien. Sie sind – sofern ihnen eine geeignete Methode zugrunde liegt und sofern sie auf den reinen Geist der Wahrheit zielen – grundsätzlich als geeignet und brauchbar anzusehen. Ein weiterer, nicht unwesentlicher Gesichtspunkt ergibt sich allerdings, wenn der Meditierende eine christliche Grundhaltung besitzt und der Wunsch in ihm lebendig ist, insbesondere in der Meditation Christus bewußt und geraden Weges entgegenzugehen. Dann wird er eine von der Methode her gute, auf Christus und seinen göttlichen Geist ausgerichtete Meditation vorziehen. Einen Zweifel darüber, welche Meditation vorzuziehen sei, kann es daher für jene nicht mehr geben, die zutiefst erfaßt und erkannt haben, daß höchste göttliche Kraft, Liebe und Weisheit in Christus als dem gegenwärtigen und wiederkommenden Herrn dieser Schöpfung helfend und lenkend gegenwärtig sind. Jeder Christ weiß überdies, daß eine auf Christus bezogene Meditation – in welcher ja eine tiefe innere Zuwendung und Öffnung und die unausgesprochene Bitte um die Segnungen seines Geistes zum Ausdruck kommt – nicht ohne Echo und heilsam-hilfreiche Rückwirkung bleiben kann.

Die moderne Tiefenpsychologie, wie sie vornehmlich von Carl Gustav Jung geprägt wurde, vermag von einer anderen Ebene her eine ergänzende und einleuchtende Erklärung zu geben für die Wirksamkeit einer eindeutig auf Christus ausgerichteten Meditation. So schreibt der Indologe Heinrich Zimmer in einer Arbeit über Tantra Yoga im Eranos Jahrbuch 1933 *Yoga und Meditation im Osten und Westen* auf den Seiten 42 und 43 unter anderem: »Christus und Buddha sind als Urbilder ins westliche und östliche Unbewußte eingegangen; ihr geschichtliches Leben hatte solche Gewalt, daß sie als eine Variante, Neuprägung und Entwicklung sich auf ein schon vorhandenes Bild im Unbewußten legten. Es bezeichnet ihren geschichtlichen Rang, daß sie in ältere, schon bereite Urbildformen eingehen konnten, die sie ersetzten und zu sich verwandelten ... Weil sie aus eigener Kraft so hohen Rang besaßen, ... haben sie die weltgeschichtliche Funktion, das Unbewußte zeitlos weit zu inspirieren, die Funktion, mit ihrem äußeren Bild ihr inneres in uns anzurühren wie mit magisch lebenspendendem Finger und aus dem Schlafe der Tiefe zu wecken, daß es uns leite und zu sich verwandle. Durch ihre Verschmelzung mit den älteren Urbildern vollzog das Unbewußte die feierliche Assumption ihrer geschichtlichen Erscheinung in die Ewigkeit der Sinnbilder, es versetzte sie unter die Gestirne am inneren Nachthimmel der Seelen.

Diesen Christus in uns ... zu verehren, uns mit ihm zu durchdringen, indem wir seine ungeheure Möglichkeit als unsere persönlichste, in uns angelegte Wirklichkeit ausbilden an uns durch Erweckung seiner inneren Gegenwart – das wäre wirklich ›Nachfolge Christi‹, das wäre in Vertrauen auf die Gnade, das heißt: im Glauben daran, daß er wirklich in uns schlummert und in uns aufstehen kann – ein christlicher bhaktiyoga.«

Psychologisch gesehen ist nach dem Gesagten zu erwarten, *daß durch die Meditation des Namens Jesus Christus und die gleichzeitige innere Hinwendung zur geistigen Wesenheit des auferstandenen Christus* das in der Tiefe der Seele verborgene und gegenwärtige Urbild »Christus« angerührt und aktiviert wird. Dem nach innen, zur geistigen Mitte und zur Tiefe der Seele gerichteten »Ruf« von außen, von der denkerischen Peripherie des Menschen her – wie er sich in der *Herzensmeditation* vor allem während der einleitenden Phasen immer wieder anstoßgebend vollzieht – antwortet *das* Urbild, das in der Meditation angesprochen wird. Antworten bedeutet hier Lebendigwerden jener geistigen Kräfte, die in dem Urbild »Christus« gegenwärtig sind. Von dieser Sicht her gesehen wird es einleuchtend, daß dem Namen »Jesus Christus« als Meditationswort in der Herzensmeditation auch im Sinne einer Mantra-Meditation eine hohe Bedeutung und Wirkkraft bis hinein in die tiefsten Bereiche der Seele zukommt.

Die geistig-seelische Realität, die im Urbild Christus erfahrbar wird, dürfte in ihren tiefsten Aspekten kaum zu trennen sein von dem, was der Christ als die dem Menschen von Gott gegebene »Ebenbildlichkeit Gottes« versteht. Sie ist im Urbild gleichsam vorgezeichnet und latent vorhanden, und es gilt, von dort her den ganzen Menschen durchdringen und verwandeln zu lassen, so daß der Geist der Wahrheit, der Geist Christi, stark und mächtig in ihm werde und alles Fühlen, Denken und Handeln zu bestimmen vermag.

Geistige Aktivität und übergegenständliche Meditation

Die Herzensmeditation ermöglicht – im Unterschied zu den bekannten traditionellen gegenständlichen christlichen Betrachtungs- und Gebetsweisen wie zum Beispiel der des Ignatius von Loyola, des Franz von Sales, des Karmel – einen raschen und fast unmittelbaren Zugang zur übergegenständlichen Meditation. Dies ist für den aktiven, intellektbetonten Menschen der Gegenwart von großem Vorteil, da es ihm von Natur aus schwerfällt, von der diskursiven Bewegtheit seines Geistes und von der gegenständlichen Betrachtung zur tiefen Ruhe und zur Aufhebung des Subjekt-Objekt-Gegensatzes zu gelangen. Es ist für den modernen Menschen nicht nur schwer, von der gegenständlichen Betrachtung zur tieferdringenden, übergegenständlichen Meditation zu gelangen – es ist auch schwer für ihn, die Übung der Stille mit Erfolg durchzuführen und dabei von Anfang an auf alles diskursive Denken zu verzichten, wie dies in der Zen-Meditation geübt wird. Hier sind dem Anfänger zur Erleichterung allerdings gewisse zusätzliche Hilfs-Übungen, wie das Zählen oder die Achtsamkeit auf den Atem, erlaubt.

Die Herzensmeditation nimmt in der Ausgangssituation eine mittlere Position ein. Sie kommt dem Bedürfnis des modernen Menschen nach geistiger Aktivität insoweit entgegen, als das Denken des Meditationswortes eine anfängliche sanfte Aktivität erfordert und zuläßt, welche allmählich geringer wird und dann versiegt, um in einen Schwebezustand zwischen Aktivität und Passivität überzugehen. Zugleich bietet das Meditationswort dem vor allem am Anfang noch unruhig-bewegten Geist des Meditierenden ein Ziel, auf das hin er immer wieder seine Ausrichtung und eine zunehmende

Sammlung erfährt, welche schließlich in die tiefe Meditation einmündet.

Es ist ein oft wahrzunehmendes Kennzeichen der gegenständlichen Betrachtung, daß sie den Betrachtenden allmählich ermüdet. Die übergegenständliche, in die Tiefe eindringende, den lebendigen Geist erfassende Meditation dagegen wirkt belebend und stärkend. Wo die gegenständliche Betrachtung zur tiefen, übergegenständlichen Meditation wird, verliert sie den Charakter der mehr oder weniger anstrengenden, konzentrierten geistigen »Arbeit« und wird zum beglückenden und stärkenden Kraftschöpfen aus den reineren und tieferen Bereichen des Seins.

Wendung nach außen – fünf besondere Aspekte der Herzensmeditation

Die Praxis der Herzensmeditation (Wort-Meditation) erbrachte die Erfahrung, daß sich die Meditation zuweilen spontan und ohne bewußte Absicht in dem Sinne verändern kann, daß sich eine Meditation ergibt, die dem sehr ähnlich ist, was Buddha seinen Schülern als »die vier unermeßlichen Strahlungen« bzw. als »die vier göttlichen Verweilungszustände«[5] zur Übung empfohlen hat. Es sind dies die Übung des *liebevollen* Durchdringens aller Wesen, des *freudevollen* und des *erbarmend-mitempfindenden* Durchdringens und die

---

[5] Siehe hierzu: *Die Reden Gotamo Buddhos,* übertr. von K. E. Neumann, Mittlere Sammlung, 7. Rede u. a., Artemis-Verlag, Zürich/Paul Zsolnay Verlag, Wien 1956.
Der Weg zur Reinheit, Visuddhi-Magga, aus d. Pali übers. von Nyanatiloka, Verlag Christiani, Konstanz 1975, S. 338.

Übung des *unerschütterlichen Gleichmutes*. Diese vier Strahlungen können auch gesondert und bewußt geübt werden. Es handelt sich hier (insbesondere bei der Übung der Liebe, der Mitfreude und des erbarmenden Mitempfindens) im Grunde um die gleiche Geisteshaltung, wie sie in der Grundübung der Herzensmeditation erwächst. Der Unterschied besteht nur in der *inneren Ausrichtung,* die in der Wort-Meditation (Grundübung) nach *innen* und auf den Gottesgeist zielt, in dem Liebe, Freude, erbarmendes Mitempfinden und Gleichmut als verborgene oder offenbare Qualitäten gemeinsam und zugleich gegenwärtig sind – die aber in den genannten Aspekten der Herzensmeditation eine *Nachaußenwendung* erfährt und die Mitmenschen und schließlich alle Geschöpfe in die meditative Durchdringung einbezieht. Beim vierten Aspekt, dem unerschütterlichen Gleichmut, ist die Nachaußenwendung weniger ausgeprägt. Ein fünfter Aspekt der Herzensmeditation, die *Demut*, ergibt sich als Frucht tiefer Einsicht in die Unbeständigkeit und Unzulänglichkeit alles Irdischen und insbesondere auch des eigenen menschlichen Daseins bei gleichzeitiger Erkenntnis der Größe und Erhabenheit Gottes.

Was von Buddha in vorbildlicher Weise vorgelebt und empfohlen wurde – die Übung des liebevollen, des freudevollen und des erbarmenden Mitempfindens und des Gleichmutes –, hat Christus in weniger systematischer Form ebenso gelehrt, und er hat es in ergreifender und erschütternder Weise vorgelebt bis hin zu seinem Opfertod am Kreuz. Seine großen Jünger, viele Heilige und Mystiker und zahlreiche Anhänger seiner Lehre wurden wahrhaft Liebende und Mitempfindende, die immer wieder das taten und waren, was wir in der Herzensmeditation und in der Übung ihrer besonderen Aspekte anstreben: Liebe und Freude zu entfalten und zu geben, mitempfindend, gleichmütig und demütig zu sein im Aufblick auf ein größeres, erhabeneres Sein. Susanne Schmida schreibt in ihrem Werk *Die Kategorien der Psychologie*[6] bei der Besprechung der verschiedenen menschlichen Typen unter anderem: »Obwohl es darüber hinaus (über den zuvor besprochenen Typ des metaphysischen Menschen, der weniger von Unendlichkeitsdenken und -erleben geprägt ist - Anm. d. Verf.) anscheinend nichts mehr geben kann, so zeigt die Erfahrung dennoch einen zweiten Typus desselben Niveaus, nämlich den der All-Liebe, der dadurch entsteht, daß – wie der hl. Klemens so wahrhaftig bekennt – Gnosis in Liebe übergeht, der Typus des heiligen Menschen. Nicht nur im Christentum, sondern auch im Buddhismus ist dieser Erfahrung Rechnung getragen, nämlich in der Gestalt des ‚Strahlenden Mönchs‘, der Liebe, Mitfreude, Mitleid und Unerschütterlichkeit ausstrahlt, ohne Unterschied nach allen Richtungen.«

Wirkung der Meditation auf den ganzen Menschen

Ist es auch notwendig, immer wieder den Blick aufwärts zum hohen und erhabenen Ziel zu richten, um Orientierung und Ansporn zu gewinnen, so ist es doch ebenso erforderlich, das Näherliegende zu beachten. Und so gibt es neben dem hohen Ziel des zu gewinnenden höchsten Heiles viele kleinere und mittlere Ziele, die auf dem rechten Weg liegen und zugleich mit er-

---

[6] Schmida, Susanne: *Die Kategorien der Psychologie, II. Band: Perspektiven des Seins,* Ernst-Reinhardt-Verlag, München/Basel 1970, S. 92.

reicht werden können. Der positive Einfluß rechter Meditation erstreckt sich auf alle Lebensbereiche. Wo der Geist Vertiefung und innere Ordnung erlangt, ordnet sich auch das äußere Leben und wird klarer und übersichtlicher. Zahlreiche seelische Erkrankungen in unserer Zeit haben ihre eigentliche und tiefere Ursache in einer unheilvollen geistigen Zersplitterung, in einer überbetonten Neigung zum Genußleben und in der verlorengegangenen Verbindung zur Mitte des eigenen Wesens und damit zu Gott. Wer den leidenden Menschen heute wahrhaft helfen will, muß ihnen Mittel in die Hand geben, die es ihnen ermöglichen, die weitgehend verlorene und verschüttete Verbindung zum Urgrund des Lebens, zu Gott, wiederzufinden. Doch es muß auch die Bereitschaft des einzelnen vorhanden sein, diese Hilfe anzunehmen, und der feste Wille, das Heilsame und Hilfreiche zu tun. Eine solche Hilfeleistung wird in ihrer Zielsetzung und in ihrer Wirkung weit über das hinausgehen müssen, was die moderne wissenschaftliche Psychologie – bei aller Anerkennung ihrer Leistungen und Hilfsmöglichkeiten – zu bieten hat, denn der Bereich des reinen, göttlichen Geistes als tiefster Quell des Lebens und der geistig-seelisch-körperlichen Gesundung bleibt außerhalb der selbstgezogenen Grenze rein wissenschaftlich-psychologischer Forschung und Praxis. Die notwendige Ergänzung zur Seelen-*Heilkunde* (Psychologie) sollte eine *Seelenheil*-Kunde (welche die geistig-religiöse Rückverbindung mit dem göttlichen Ur-Grund des Lebens zum Ziele hat) in Theorie und Praxis sein. Die rechte Meditation kann ein wesentlicher Beitrag hierzu sein.

So wichtig und hilfreich die Meditation als notwendiges Gegengewicht gegenüber den aufreibenden, zersplitternden und veräußerlichenden Tendenzen des modernen Lebens gerade für den heutigen Menschen ist, so notwendig ist es, darauf hinzuweisen, daß rechte Meditation nur eines der wesentlichen Elemente des rechten, zu Gott, zur Wahrheit und zur inneren Freiheit hinstrebenden Lebens ist. Das unablässig zu vollziehende Mühen um Selbstüberwindung und innere Läuterung im Aufblick zu Gott und entsprechend den göttlichen Geboten und Lebensgesetzen steht gleichwertig neben der regelmäßigen rechten Meditation.

Dabei braucht sicher nicht besonders betont zu werden, daß auch andere Formen der Hinwendung zu Gott, wie sie in den verschiedenen Weisen des Gebetes praktiziert werden, hilfreich und nützlich sind. Während die Meditation in der Regel in Zeiten der Stille und des Abstandes vom Getriebe der Welt durchgeführt wird, sollte das aktive Gebet und das damit verbundene, immer wieder zu vollziehende Bemühen um Kontakt mit dem Gottesgeist auch im Getriebe des Alltags seinen Platz haben. Erleuchtende und kräftevermittelnde Wirkungen werden hier spürbar werden, wenn die Anrufung Gottes in demütiger, offener und vertrauender Weise geschieht.

Wo das ganze Leben mit allem, was zu tun und zu lassen ist, in dem Bemühen geführt wird, achtsam und klar bewußt den göttlichen Weisungen zu folgen, dort wächst die Fähigkeit zur tieferen Erkenntnis, und es wächst zugleich die Fähigkeit zur Sammlung und Vertiefung in der Meditation. Die in der Meditation gewonnene Ruhe, Kraft und Klarheit steht dann als zusätzliche Hilfe auch für die Aufgaben und Pflichten des Alltags zur Verfügung, und es gilt, sie im heilsamen Sinne bewußt und zielgerecht einzusetzen. Das aktive Ringen um Reinheit im Denken, Handeln und Empfinden muß als unverzichtbarer und wesentlicher Bestandteil eines Lebens angesehen werden, das zur gottgewollten Heilsfindung hin ausgerichtet ist.

Rechte Meditation als Hinwendung zur wahren, licht- und kraftgebenden göttlich-geistigen Lebensmitte aber führt immer wieder zur Vertiefung und zur Sammlung aller positiven Kräfte des Geistes und der Seele und ermöglicht zugleich das Wirksamwerden jener inneren Führung, die intuitives Erkennen und ein sicheres Voranschreiten auf dem von Gott gewünschten Weg ermöglicht.

Die hier vorliegende Schrift *Die Praxis der Herzensmeditation – Wort-Meditation, Liebe-Strahlung, Heil-Meditation* ist eine betont praxisbezogene Kurzfassung einer weit umfangreicheren und tiefgründigeren Abhandlung des Themas »Herzensmeditation«, die beim Verfasser in Vorbereitung ist.

Zweck und Aufgabe dieser Darlegungen ist es, jedem ernsthaft an Meditation Interessierten eine praktische und einfache Anleitung in die Hand zu geben, die es ihm ermöglicht, ohne einen allzu großen Aufwand theoretischer Art mit der Meditationspraxis zu beginnen und dabei erfolgreich zu sein.

1. Warum brauchen wir Meditation?

Je mehr wir von uns verlangen, oder je mehr unsere jeweilige Aufgabe von uns verlangt, desto mehr sind wir auf die Kraftquelle der Meditation angewiesen, auf die immer erneute Versöhnung von Geist und Seele. Und je intensiver eine Aufgabe uns in Anspruch nimmt, uns bald erregt und steigert, bald ermüdet und niederdrückt, desto leichter kann es geschehen, daß wir diese Quelle vernachlässigen, so wie man beim Verbohrtsein in eine geistige Arbeit leicht dazu neigt, den Körper und seine Pflege zu vernachlässigen. Die wirklich großen Männer der Weltgeschichte haben alle entweder zu meditieren verstanden oder doch unbewußt den Weg dorthin gekannt, wohin Meditation uns führt. Die andern, auch die begabtesten und kräftigsten, sind alle am Ende gescheitert und unterlegen, weil ihre Aufgabe oder ihr ehrgeiziger Traum so von ihnen Besitz ergriff, sie so besaß und zu Besessenen machte, daß sie die Fähigkeit verloren, sich immer wieder vom Aktuellen zu lösen und zu distanzieren.

Hermann Hesse, Glasperlenspiel

Der wahre und tiefste Beweggrund des Menschen, der hinter all seinem vielfältigen Streben und Mühen steht, ist seine Sehnsucht nach Erfüllung und Glück. Was immer auch im Vordergrund des Bemühens stehen mag – Gesundheit, materieller Wohlstand, Erfolg, Ehre, Ansehen, eine gesicherte Lebenssituation, innere Harmonie, Ausgeglichenheit usw. –, immer wird die menschliche Ur-Sehnsucht nach einem möglichst dauerhaften Glück dahinter spürbar

Die Situation vieler Menschen unserer Zeit ist gekennzeichnet durch ein allgemein vorhandenes hohes Maß an äußerem Wohlstand bei einer gleichzeitig vorhandenen erschreckenden inneren Verarmung. Dies führt oft bis zum Lebensüberdruß und zum Gefühl der Sinnlosigkeit des Lebens. Nervosität, Depressionen und Verzweiflung sind oft die weitere Folge.

Als wesentliche Ursache dieser unheilvollen Situation ist die einseitige und überbetonte Hinwendung zur materiellen Außenseite des Lebens zu erkennen. Eine aufreibende Zersplitterung der Interessen, Neigungen und Kräfte, eine übermäßige Entwicklung des Strebens nach sinnenhaftem Genuß, nach Macht und Besitz geht einher mit dem gleichzeitigen Verlust innerer Bindungen an eine höhere, geistige Wirklichkeit des Daseins. Damit verliert der Mensch den Kontakt zu seiner wahren Mitte und zugleich zum Ur-Grund und zum wahren Kraftquell seines Lebens.

Wir brauchen – neben einer vernünftigen Lebensordnung in allen Bereichen unseres Lebens, einschließlich der Beachtung ethischer Richtlinien – vor allem den notwendigen Ausgleich zur übermäßigen Hinwendung zu den Außenbereichen des Lebens. Wir brauchen immer wieder auch Sammlung und Vertiefung des Geistes. Wir brauchen Meditation als gezielte und wirksame Übung der Vertiefung und der Stille. Wir gelangen damit wieder in unsere wahre Lebensmitte und werden zugleich fähig zum engeren Kontakt mit jener höheren Wirklichkeit des Daseins, die wir Gott nennen. Seit Jahrtausenden haben unzählige Menschen diesen Weg der Vertiefung und der Zuwendung zum Bereich des Heils, zu Gott, zum »Absoluten«, zum »ewigen Sein« in West und Ost im vertieften, meditativen Gebet und in der Meditation mit Erfolg beschritten.

Wo diese Hinwendung zur Mitte als notwendige Ergänzung zum Streben nach außen hinzukommt, dort erschließt sich dem Menschen im Kontakt mit dem Urquell des Lebens neue und zusätzliche Kraft. Wahre Erneuerung vollzieht sich von innen, vom Zentrum schöpferischer Kraft her. Dies wußten alle großen Menschheitslehrer und Reformer.

Der Mensch ohne Meditation ist ein Mensch, der den Weg zur eigenen Tiefe als seiner Wesensmitte nicht sucht und nicht mehr kennt. Wem diese Tiefe seines eigenen Wesens fremd wurde, dem wurde auch fremd die lebendige Erkenntnis und Erfahrung einer größeren Wirklichkeit, die den Menschen durchdringt und die gleichzeitig weit über ihn hinausgreift.

Wer die Verbindung mit der höheren geistig-göttlichen Realität und den Zugang zu ihr verloren hat, hat den größten Reichtum seines Lebens verloren, denn er vermag nicht mehr aus jener Quelle zu schöpfen, aus der allein alles Wahre und Gute und Heilsame und auch alles Beseligende in das Leben des Menschen einzufließen vermag. Der in solcher Weise geistig entwurzelte Mensch ist den Einflüssen der äußeren Welt mehr oder weniger hilflos ausgeliefert. Er läßt sein Leben weitgehend bestimmen von Kräften, die von außen her auf ihn einwirken und seinen wahren, höheren Interessen zumeist entgegensetzt sind. So läßt er sich treiben und vom Sog des abwärts führenden Zeitgeistes hinabziehen. Dies ist die Situation, in der sich die große Mehrzahl aller heute lebenden Menschen befindet.

So gerät der einzelne Mensch und mit den vielen einzelnen die ganze Menschheit immer mehr auf den zwar bequemen, aber abwärts und ins Unheil führenden Weg. Wer vorurteilslos beobachtet, kann sich dieser Feststellung nicht verschließen.

Mit der Erkenntnis solcher Zusammenhänge muß auch die Frage nach dem Ausweg verbunden sein. Denn wer wahrhaft erkennt, daß sein Weg ins Unheil führt, kann nicht anders, als bessere Wege zu suchen, die ihn zum Besseren hinführen.

Und so ist es nur ein Gebot der Vernunft und der Einsicht, daß wir uns wieder besinnen auf das, was von allen wahrhaft weisen und großen Menschen der Vergangenheit und der Gegenwart immer wieder verkündet und vorgelebt wurde. Doch es genügt nicht, bei theoretischen Erwägungen und Beurteilungen stehenzubleiben. Ein jeder muß sich dazu durchringen, *praktisch* das Notwendige und damit das Not-wendende zu tun. Denn es ist in Not – mag er dies erkennen oder nicht –, wer das Heil seiner Seele vergißt, weil die äußere Welt ihn mehr und mehr in ihren Bann gezogen und vom Wesentlichen abgelenkt hat.

Der beste, weil wirkungsvollste und konsequenteste *praktische* Weg zur Kraftquelle alles Guten, Wahren und Echten und damit zur Erfüllung des Lebens ist die rechte Meditation. Sie ist zugleich die beste Grundlage auf dem Wege zu Gott, zum Urquell allen Lebens. Wer aber Gott findet, der hat alles gefunden, denn ihm wird »alles andere hinzugegeben werden«.

Da jeder Mensch die kraftgebende Verbindung mit Gott und die daraus sich ergebende wahre Zufriedenheit und echte Erfüllung seines Lebens braucht, braucht er auch die rechte regelmäßige Meditation, denn sie ist der Weg dorthin.

2. Was ist Meditation?

Vom Geiste gehn die Dinge aus,
Sind geistgeboren, geistgefügt:
Wer bösgesinnten Geistes spricht,
Wer bösgesinnten Geistes wirkt,
Dem folgt notwendig Leiden nach,
Gleichwie das Rad dem Hufe folgt.

Vom Geiste gehn die Dinge aus,
Sind geistgeboren, geistgefügt:
Wer wohlgesinnten Geistes spricht,
Wer wohlgesinnten Geistes wirkt,
Dem folgt notwendig Freude nach,
Dem untrennbaren Schatten gleich.

Aus dem Dhammapadam,
Der Wahrheitspfad, 500 v. Chr.

»Guardini[7] erinnert daran, daß die Lehre vom Meditieren so alt ist wie die Menschheit. Immer haben die Menschen versucht, sich zu sammeln und nach innen zu kehren, zum Wesen des eigenen Selbst und der Dinge, zum Woher und Wohin des Daseins vorzudringen, um dann, aus der gewonnenen Erkenntnis heraus, ihr Leben recht zu führen.
Treffend sagt er, daß es sich nicht um Denken handelt, sondern um Tun. Auch um Denken, richtiger um lebendiges Erkennen, worin Anschauung, inneres Erfahren und auch verstandesmäßiges Begreifen in eins gehen.«[8]
Damit sind bereits wesentliche Kennzeichen der Meditation gegeben. Immer geht es darum, den Geist von der Zerstreuung zur Sammlung, von der schwächenden Zersplitterung zur kraftgebenden Einigung, von der oberflächlichen Bewegtheit zur Beruhigung und Vertiefung zu führen mit der daraus erwachsenden Fähigkeit, klarer und durchdringender als bisher wahrzunehmen und tiefer zu erkennen.

Es ist hier nicht der Raum, näher auf die verschiedenen Arten der Meditation sowie auf deren Unterschiede zur diskursiven und kontemplativen Betrachtung wie auch zur Konzentration einzugehen. Dies geschieht unter anderem in einer weit umfassenderen Darstellung der Herzensmeditation, welche dieser Kurzfassung folgen wird.

---

[7] Romano Guardini, katholischer Theologe und Religionsphilosoph
[8] Bircher, Max Edwin: *Meditation über die Heilung*, Ernst Reinhardt Verlag, München/Basel 1959.

Die Herzensmeditation ist eine den Erfordernissen unserer Zeit entsprechende, zugleich aber zeitlos gültige Form geistiger Sammlung und Vertiefung und damit zugleich ein Weg der Hinwendung zur höheren, göttlich-geistigen Wirklichkeit des Daseins.

Der Übende verläßt in dieser Meditation alle nach außen führenden, zersplitternden Wege des Intellektes und ebenso alle negativen Einstellungen und Gesinnungen wie solche des falschen Begehrens, des Hasses, des Machtstrebens und ähnliches. Er wächst in ihr hin zum Licht tiefer und wahrer Erkenntnis. Und er erlangt eine neue und tiefe Verbindung zum Urgrund allen Lebens, zur Urkraft des Guten, zu Gott.

In der Herzensmeditation vereinen sich Elemente des Gebetes und der Meditation. Sie ist auf Christus und den in ihm gegenwärtigen reinen, göttlichen Geist ausgerichtet. Sie ist im Hinblick auf ihren geistigen Gehalt und ihre Zielsetzung (und z. T. auch von der Methode her) vor allem dem »immerwährenden Herzensgebet« der Ostkirche (dem sogenannten »Jesus-Gebet«)[9] und dem im westlich-christlichen Bereich geübten vertieften meditativen Gebet (insbesondere dem Gebet der Einfachheit, dem Gebet der Ruhe und der Sammlung)[10], wie es in früheren Jahrhunderten vor allem in den christlichen Ordensgemeinschaften noch weit mehr als heute praktiziert wurde, verwandt.

Die Methodik bzw. Technik der Grundübung der Herzensmeditation entspricht zugleich weitgehend der Meditationstechnik der aus einer alten indischen Tradition und Meditationspraxis hervorgegangenen »trans-

---

[9] *Das Herzensgebet, Mystik und Yoga der Ostkirche*, op. cit.
[10] Lercaro, Giacomo Kardinal: *Wege zum betrachtenden Gebet*, Herder Verlag, Freiburg 1959.

zendentalen Meditation« des Maharishi Mahesh Yogi. Dies betrifft aber nur die reine Technik der Meditation, denn Lehre und Ziel weichen in wesentlichen Punkten voneinander ab.

Das Ziel der Herzensmeditation ist die innere Umwandlung des Menschen, ist die Erneuerung seines Lebens von Grund auf, von der geisterfüllten innersten Mitte seines Wesens und zugleich von Gott her. Mit der zunehmenden Befreiung seines »Herzens« von negativen, belastenden und krankmachenden Neigungen und Eigenschaften erwächst dem Meditierenden neue Kraft, innere Harmonie und ein Glück höherer Art, das unabhängig ist von äußeren Genüssen und Gütern. So gleicht das immer erneute Eintauchen in die heilsame Stille einem immer neuen Kraftschöpfen, das dazu befähigt, die Arbeit an sich selbst im Sinne der Läuterung sowie die Aufgaben des Berufes und des Alltags um so konzentrierter, ausdauernder und gelassener durchzuführen.

Von der *Grundübung* der Herzensmeditation ist zu unterscheiden ihr fünffacher besonderer Aspekt, welcher in der Erweckung und Ausprägung von fünf göttlichen Eigenschaften, nämlich *der Liebe, der Freude, des erbarmenden Mitempfindens, des Gleichmutes und der Demut* zum Ausdruck kommt. Die Grundlegung dieser Eigenschaften kann aus der Grundübung (Meditation des Namens Jesus Christus) heraus von selbst erwachsen. Sie kann aber auch im Anschluß an die Grundübung in besonderen Übungen gefördert, gestärkt und entfaltet werden.

3. WER SOLLTE MEDITIEREN?

*Wer Liebe gibt
und Wahrheit sucht,
wird Gott finden;
und mit ihm die Erneuerung
seines Lebens.*

Wer sein Leben sinnvoller, glücklicher und erfüllter gestalten möchte, sollte meditieren. Wer zur tieferen Erkenntnis der Lebens- und Daseinsgesetze gelangen möchte, sollte meditieren. Wer zur Erkenntnis und zum Erleben Gottes gelangen möchte, sollte meditieren. Aber auch, wer in der Welt mit allen ihren Belastungen und Problemen besser bestehen und zurechtkommen möchte, sollte meditieren.

Die rechte Meditation ist der wahre Schlüssel zur Lösung *aller* Fragen und Probleme. Wird das Grundproblem gelöst, so sind alle Nebenprobleme mit gelöst.

Das Grund- und Urproblem für jeden Menschen aber ist die für ihn noch ungelöste Aufgabe der Neugeburt im Geiste Gottes und damit der Heimkehr in seine eigentliche Heimat. Diese Aufgabe steht vor *jedem* Menschen, mag er sie erkennen oder nicht. Daher ist es erforderlich, daß *jeder* irgendwann diese seine Ur-Aufgabe erkenne und sie dann auch löse. Daher ergibt sich, daß jeder *den* Weg zu gehen hat, der ihn zum Ziele führt.

4. Die Kraft des Namens Jesus Christus

*Alles Sichtbare haftet
am Unsichtbaren,
das Hörbare am Unhörbaren,
das Fühlbare am Unfühlbaren:
Vielleicht das Denkbare
am Undenkbaren.*

Novalis

Aus der Bibel und aus jüngeren göttlichen Offenbarungen wissen wir, daß Gott, der Ewige, Unsichtbare, Unergründliche sich in seiner erbarmenden Liebe in Jesus Christus verkörpert und den Menschen offenbart hat. Der Vater wurde den Menschen sichtbar und begreifbar im Sohne. »Ich und der Vater sind eins«, sagte Jesus.

Für uns ergibt sich daraus, daß wir Gott ansprechen, wenn wir Jesus Christus ansprechen, und daß wir Gott bitten, wenn wir Jesus bitten. Folgen wir Christus nach, so folgen wir Gott nach.

Gott wurde aus seiner erbarmenden Liebe in Jesus Christus für uns zum schaubaren Gott. Er wurde damit für uns gottferne Menschen begreifbar, und es wurde möglich, ihn zu erkennen und zu lieben. Dies ist eine der großen Gnaden, die Gott in Jesus Christus den Menschen gab. Daher: Wer Jesus Christus liebt, liebt Gott; wer Jesus Christus in seinem Herzen trägt, trägt Gott im Herzen; wer in seinem Innern erfüllt wird vom Geist Christi, wird erfüllt vom Geist Gottes und dessen Kraft. Wer sich in der Herzensmeditation Jesus Christus zuwendet, wendet sich Gott zu und seinem heiligen, heilbringenden Geist, welcher während der Meditation in den Meditierenden einzufließen beginnt. Denn: »Wer bittet, dem wird gegeben; wer klopfet, dem wird aufgetan«. Die Herzensmeditation ist ein fortwährendes, unausgesprochenes Anklopfen am liebevollen Herzen Gottes, und sie ist zugleich die fortwährende Bitte um Erleuchtung, um Stärkung, um Befreiung, um Beseligung, um Einswerdung mit Gott.

Gott kam dem Menschen nahe in Jesus Christus. Jesus Christus ist uns gegenwärtig und formulierbar in seinem

Namen. Das Wort aber ist Schwingung, ist Energie, ist schöpferisches Element. »Am Anfang war das Wort, und das Wort war bei Gott«, heißt es in der Bibel. Aus der Ur-Schwingung, aus dem Ur-Laut, aus dem vom Geist Gottes erfüllten Ur-Wort ist die Schöpfung entstanden. So mag dem Nachdenklichen eine Ahnung aufgehen vom Mysterium und von der verborgenen Kraft des Namens Jesus Christus, des Namens des schaubar gewordenen Gottes.

Das nach außen, in die Welt der Erscheinungen gerichtete menschliche Wort – sei es unausgesprochen als Gedanke oder laut verkündet – führt zur Welt, wirkt positiv oder negativ, aufbauend oder zerstörend in ihr. Das während der Meditation im Geist und im Herzen bewegte Wort Gottes dagegen führt nicht in die Welt, sondern zu Gott. Die Kraft und Fülle der Gottheit wird angesprochen mit dem Namen Gottes, mit dem Namen Jesus Christus. Gelingt es uns, seinen Namen und seinen Geist in der ganzen Tiefe in uns lebendig werden zu lassen, dann ist auch seine Liebe und Wahrheit in uns lebendig geworden und damit sein Geist.

5. Braucht der Meditierende einen Meister?

*Wenn du dich selbst dazu bringen kannst,
stille zu sein,
so wirst du unaussprechliche Worte
Gottes vernehmen.*

Jakob Böhme

In den großen Religionen und Weisheitslehren des Ostens ist die Praxis der geistigen Sammlung und Vertiefung, der Meditation, seit Jahrtausenden ein wesentliches Element des religiösen Lebens und des Bemühens um Erkenntnis und Selbstverwirklichung.

Die Ausübung der Meditation war – insbesondere im Yoga und im Zen – fast immer an die persönliche und individuelle Unterrichtung und Führung des Schülers durch seinen Lehrer oder Meister gebunden. So war es dem Meister möglich, den Schüler individuell zu lenken und alle auftauchenden Schwierigkeiten und Meditationshindernisse zu erkennen und zu beseitigen.

Der heutige moderne westliche Mensch lebt in einer anderen Zeit und in einer anderen Welt. Hier ist es dem einzelnen nicht möglich, seinen Meister zu suchen, da es keine Tradition von in der Meditation zutiefst erfahrenen Meistern gibt und daher keine Möglichkeit besteht, einen solchen zu finden und für sich in Anspruch zu nehmen. Hierbei ist zudem zu berücksichtigen, daß der Christ aufgrund seines – durch die christlichen Kirchen geprägten – Gottesverständnisses allgemein ein etwas anderes Verhältnis zur Meditation hat als der religiöse Mensch des Ostens. Dies hat seinen Grund in der unterschiedlichen Gottesauffassung, die beim Christen wesentlich von der Vorstellung des persönlichen Gottes geprägt wird, während der östliche Mensch Gott vor allem in seinen überpersönlichen und unpersönlichen Aspekten zu begegnen sucht, wenngleich in dieser Hinsicht gewisse Unterschiede bei den verschiedenen östlichen Religionen vorhanden sind.

Aus diesen unterschiedlichen Perspektiven der Gottesbetrachtung ergibt sich notwendigerweise eine unterschiedliche Art der Hinwendung zu Gott bzw. zum göttlichen Sein. Der dem *persönlichen* Gott zugewandte Christ *betet*, er hält Zwiesprache mit dem, der über ihm ist und ihm zugleich gegenübersteht. Der mit dem *überpersönlichen* Gott Kontakt suchende östliche Mensch versucht, die Kräfte seiner Seele zu sammeln und seinen Geist zu vertiefen, um in dieser Vertiefung dem göttlichen Ur-Grund des Lebens in der Tiefe des eigenen Wesens nahezukommen und sich ihm schließlich zu einen. Dies ist der Weg der *Meditation*. Zwar gibt es neben der Meditation auch im Osten – insbesondere im Hinduismus – das Gebet, und es gab im christlichen Bereich neben den einfacheren Formen des Gebetes immer auch das vertiefte, kontemplative und meditative Gebet, das bei vielen Heiligen und Mystikern von der Meditation kaum noch zu unterscheiden war. Der grundsätzliche Unterschied in der Ausrichtung der großen Mehrzahl der Gläubigen und Bekennenden christlicher und östlicher Prägung wird damit jedoch nicht aufgehoben.

Beide Wege zu Gott und zu göttlichem Sein sind gangbar und führen zu Ergebnissen, wie jahrtausendelange Erfahrungen in Ost und West immer wieder gezeigt haben. Unsere Zeit ist reif für eine fruchtbare Begegnung östlicher und christlicher Geistigkeit und für eine beide Seiten bereichernde Synthese, in der die wesentlichen Elemente beider Geistesrichtungen vereint sind und durch welche neue, erfolgreich zu gehende Wege der Heilsfindung eröffnet werden. Die Zeit ist daher reif für eine fruchtbare Verbindung und Vereinigung von Gebet und Meditation auf einer höheren Ebene der Hinwendung zu Gott und zu göttlichem Sein, denn unsere Zeit braucht neue, tiefere und umfassendere Möglichkeiten praktischer Verwirklichung als Grundlage für den Weg zum Heil. Die heutige Menschheitssituation erfordert die Erschließung neuer, wahrhaft hilfreicher Wege für alle ernsthaft Strebenden, damit ihnen jene Hilfe und Führung zuteil werden kann, die dringend erforderlich ist, um allen gegenwärtigen und zukünftigen Gefahren und Belastungen gewachsen zu sein.

Wahre innere Führung ist Führung durch den Gottesgeist. Ihn zur Wirksamkeit und zur Bewußtwerdung im Menschen gelangen zu lassen, ist die wesentlichste Aufgabe eines auf Sinnerfüllung und Heilsfindung ausgerichteten Lebens. Gelangt der in jedem Menschen angelegte »göttliche Geistfunke«, der »Christusgeist« (in östlicher Sicht zum Beispiel als »Selbst«, als »Supra-Mentales« oder als »Buddha-Natur« verstanden) zur Entfaltung, so wird der »Meister in uns« lebendig und als innerer Führer wirksam. Eine lebendige Verbindung zum »göttlichen Meister über uns«, zu Christus, wird möglich in dem Maße, wie es gelingt, den Zugang zum göttlichen Geist in uns zu gewinnen und das Bewußtsein von ihm erfüllen zu lassen. Die lebendige, Erleuchtung und Kraft vermittelnde Verbindung mit Gott ist immer nur über den eigenen, wahren Geist möglich, der vom göttlichen Geistfunken her evolutionär entwickelt wurde und das höhere geistige Leben des Menschen (im Unterschied zum bloßen Intellekt) ausmacht und bestimmt. Rechte Meditation besitzt, weil sie eine Veränderung des Bewußtseins zur Vertiefung und Vergeistigung hin bewirkt und es damit – seine Qualität erhöhend – göttlichem Sein und Bewußtsein immer mehr anzunähern vermag, eine Schlüsselfunktion für die so wichtige Verbindung des Menschen mit dem ihm innewohnenden innersten, geistigen Wesen – dem Meister in ihm – und über diesen mit Christus und seinem göttlichen Geist.

Dem Christen wird Christus in zweifacher Weise

zum wahren Meister seiner Meditation und seines Lebens. Er ist der höchste Meister *über* ihm, der ihm durch das Vorbild seines Lebens und durch sein göttliches Wort Richtlinien und Ansporn für sein Leben gibt. Und er wird zum wahren Meister *in* ihm, der zur inspirierenden und tragenden Mitte seines Wesens und seines Lebens zu werden vermag, wenn die Meditation und die gesamte Lebensführung auf Freilegung und Stärkung dieser göttlich-geistigen Lebensmitte ausgerichtet sind. Dies bedeutet aber auch, daß der bewußt auf Christus Ausgerichtete als Meditierender einen Lehrer oder Berater braucht, dessen innere Ausrichtung und dessen Meditation ebenfalls auf Christus zielen, sollen innere Spannungen und Konflikte vermieden werden. Solche belastenden inneren Spannungen und Auseinandersetzungen sind auf die Dauer nicht zu vermeiden, wo mit einer bestimmten Meditations-Methode oder -Technik eine der christlichen Lehre und Grundhaltung nicht entsprechende Welt-Sicht vermittelt wird. Die Gefahr ist hier weniger in einer echten, tief verwurzelten östlich-religiösen Haltung eines Meditationslehrers zu erkennen. Eine solche kann auch dem Christen fruchtbare Anregungen und die Möglichkeit zur Korrektur einseitiger Bewertungen erbringen. Manche Zen-Meister etwa haben in diesem Sinn vorbildlich zu wirken vermocht. Zur Gefahr für den Meditierenden können Meditationslehrer östlicher oder westlicher Herkunft dann werden, wenn sie die Meditation weitgehend aus ihrem ursprünglichen, seit Jahrtausenden gegebenen geistig-religiösen Zusammenhang mehr oder weniger stark herauslösen und in erster Linie als Technik anbieten, die geeignet sei, dem Meditierenden wachsenden Erfolg in der Welt zu garantieren. Die Persönlichkeitsentfaltung mit der Hauptzielrichtung des Welterfolges birgt – auch wenn sie durch Meditation erstrebt wird – stets die Gefahr in sich, daß das Welt-Ich die in der Meditation gewonnene zusätzliche Kraft für eigene, d. h. eigen-süchtige Zwecke mißbraucht und sie nicht im Sinne der Selbstüberwindung und Läuterung und damit für die Heilsgewinnung nutzt. In den großen Religionen des Ostens war die Meditation seit jeher die zentrale, alle Kräfte des Geistes und der Seele sammelnde Arbeitsweise, die zur inneren Freiheit und zur Vereinigung mit der höheren, überweltlich-göttlichen Wirklichkeit führen sollte und auch zu führen vermochte, wenn sie begleitet und ergänzt wurde vom Streben nach rechter Erkenntnis und vom heilsfördernden Wirken und Verhalten im Alltag. Wo die Meditation aus diesem Gesamtzusammenhang herausgelöst und ihre wesentlichste Aufgabe nicht mehr eindeutig in der Heilsgewinnung gesehen wird, dort wird alles fragwürdig, und der Meditierende gerät in Gefahr, falschen Lehren zu folgen und guten Glaubens auf unheilsame Wege zu geraten. Wo eine *Teil-Wahrheit* so herausgestellt wird, als sei sie das Ganze und allein Wesentliche, dort verschieben sich die Perspektiven, und falsche Bewertungen und Urteile müssen die Folge sein: Dies wiederum ergibt ein Handeln, das nicht geeignet ist, auf dem Weg zum Heil voranzuführen. Der rechte, mit dem Gottesgeist verbundene Lehrer, Berater oder Meister wird denen, die sich ihm anvertrauen, den Weg nicht in falscher Weise zu erleichtern versuchen. Er wird aus seiner hohen Verantwortung heraus *alle* für den heilsamen Weg erforderlichen Faktoren und Bedingungen berücksichtigen und in seine Weisungen einbeziehen. Die Aussagen der großen Religionsgründer sind – sofern alle wesentlichen Faktoren berücksichtigt werden – noch immer eine sichere Grundlage hierfür.

Wo Meditation nicht nur um begrenzter irdischer Ziele willen, sondern im Sinne ihres ursprünglichen und ureigensten Anliegens – der Heilsfindung – geübt wird, dort erst wird sie zur rechten, d. h. für eine heilsame innere Entwicklung geeigneten Meditation, deren Ziel die Einswerdung mit dem Gottesgeist ist. Eine solche Meditation führt stets auch zur Entfaltung aller im Menschen angelegten positiven Entwicklungsmöglichkeiten und zu jener geistigen Reife, die das Ergebnis und der Ausdruck einer tiefen und lebendigen Seinsverbundenheit ist. Mit der geistigen Entwicklung des Menschen vom Wesensgrund her ist eine tiefgründende und heilsame Persönlichkeitsentfaltung verbunden, und es wachsen dem Meditierenden Kräfte zu, die ihn befähigen, die Pflichten und Aufgaben des Berufes und des Alltags leichter und besser als bisher zu bewältigen. Damit ergibt sich auch für den äußeren Bereich des Lebens die Fähigkeit, wirksamer und erfolgreicher zu arbeiten als vorher. Mit der wachsenden Gelassenheit und Überlegenheit den vielfältigen Anforderungen und Belastungen des modernen Lebens gegenüber entwächst der Meditierende allmählich einer allzu starken Verhaftung an die irdische Welt, und er wird freier von den Verlockungen und Bedrängungen, die von ihr ausgehen.

Nur dort, wo *Meditationslehrer und -berater* vom wahrhaft religiösen Geist erfüllt sind – anstatt dem Welt-Geist verhaftet zu sein, dessen moderne Ausprägungen oft sehr verführerisch und beeindruckend wirken –, werden sie ihrer Aufgabe wirklich gerecht werden können. Ein wahrer Meister jedoch ist ohnehin immer als ein Geisterfüllter und Gottverbundener im tiefsten Sinne des Wortes zu verstehen. Wer ihn findet, hat Grund, frohen und dankbaren Herzens seinen Weisungen zu folgen und um so entschlossener und mit ganzer Kraft auf dem rechten Weg voranzuschreiten.

Wer die hohen Möglichkeiten rechter Meditation für sein Leben nutzen möchte, sollte daher gründlich prüfen, welcher Methode, welchem Lehrer und welcher Gemeinschaft er sich zuwendet. Hat er guten Gewissens seine Wahl getroffen, so sollte er bereit sein, den gegebenen Anleitungen und Ratschlägen zu folgen. Hier kann es dann möglich werden, zu einer ähnlich gearteten, engen geistigen Verbindung zu gelangen, wie sie im Osten seit Jahrtausenden immer wieder zwischen Meister und Schüler gegeben war. Da dieser Idealfall schwer zu erreichen ist, wäre für die große Mehrzahl der Meditierenden ein mittlerer Weg anzustreben. Wer zu meditieren beginnt, sollte bemüht sein, auch persönliche Anleitungen und Ratschläge von Menschen zu erhalten, die aufgrund ihrer inneren Reife und ihrer erfolgreichen Meditationspraxis in der Lage sind, eine lehrende und beratende Funktion auszuüben. Und der Meditierende sollte darauf bedacht sein, vor allem in der ersten Zeit seine Meditation ab und zu überprüfen zu lassen.

Wenn alle Meditierenden beherzigen, daß der Anfänger zu lernen und bereitwillig Hilfe anzunehmen, der Erfahrene verständnisvoll Rat und Hilfe zu geben hat, wo dies gewünscht wird, dann wird eine wahre, sich gegenseitig fördernde und stärkende Gemeinschaft derer entstehen, die sich auf dem gleichen Weg zum gleichen hohen Ziel wissen.

Eine wahre Gemeinschaft des Geistes kann erstehen und jedem einzelnen immer wieder Ansporn, Kraft und Mut für den rechten Weg vermitteln, wo das als richtig und heilsam Erkannte in die Tat umgesetzt wird. Jeder ehrlich und tatkräftig auf dem rechten Weg Voranschreitende sollte wissen, daß er anderen, Schwächeren, Hilfen vielfacher Art zu geben vermag und daß auch er Hilfen zu erhalten vermag von denjenigen, die bereits weiter vorangeschritten sind auf dem Weg, der zur Vertiefung, zur inneren Reinigung und zur Annäherung an Gott führt. Daher wird es immer eine große Hilfe für den inneren Weg sein, wenn ein ernsthaft Strebender in diesem Sinne in einem Menschen einen Lehrer findet, der ihm zum Seelenführer bzw. zum Meister zu werden vermag, dem er sich rückhaltlos anvertrauen kann, um Rat und Hilfe zu empfangen und neue Anstöße für sein Voranschreiten auf dem rechten Weg zu erhalten.

Wer die Herzensmeditation übt, sollte sich allen, die in gleicher Weise meditieren, innerlich verbunden fühlen, und er sollte dies durch sein Verhalten zum Ausdruck bringen.

An dieser Stelle sei noch empfohlen, nach jeder Meditation alle Meditierenden in besonderer Weise in eine Fürbitte einzuschließen, indem mit dem die Meditation einleitenden Kurzgebet in seiner erweiterten Form – »Herr Jesus Christus, erfülle *uns* mit deiner Kraft des höchsten Heiles und der Heilung, erfülle *uns* mit deinem Geist der Liebe und der Wahrheit, erfülle *uns* mit göttlichem Licht« – auch die Meditation beschlossen wird und alle diejenigen einbezogen werden, welche die Herzensmeditation üben. Es bleibt daneben jedem freigestellt, außerdem alle jene Menschen in die Fürbitte einzuschließen, denen seine Liebe oder sein erbarmendes Mitempfinden in besonderer Weise gilt.

6. Die Praxis der Herzensmeditation in Kürze

Grundübung (Wort-Meditation) und Liebe-Strahlung

> *Lasset euch ergreifen*
> *von der Wahrheit*
> *und verwandeln von der Liebe.*

Alles, was in dieser Schrift gesagt wird, kann nur dann für den Leser die erhofften segensreichen Auswirkungen haben, wenn er es nicht nur beim theoretischen Zur-Kenntnis-Nehmen bewenden läßt, sondern in die Tat umsetzt, was sich als Konsequenz für den ergeben muß, der recht versteht, was gesagt wurde.

Nur wer zu meditieren beginnt, kann die vielfältigen Segnungen der Meditation erfahren. Nur wer ohne langes Zögern beginnt und mit Liebe und Ausdauer beharrlich diesen Weg geht, wird die wahren Früchte der Meditation ernten können, welche Zeit brauchen zur Reife. Hat er erst einmal eine Strecke des Weges – und damit die anfänglichen Schwierigkeiten – hinter sich, so wird dieser Weg immer leichter und angenehmer, und es sind dann die täglichen Zeiten der Meditation die Höhepunkte eines jeden Tages, während denen er beglückt wahrnimmt, daß er Anteil hat an einem höheren Leben. Und um nichts in der Welt möchte er diese Zeiten der Meditation mehr missen.

Jedem Leser dieser Darlegungen soll die Möglichkeit gegeben sein, mit der Meditation zu beginnen, obwohl er – wie oben gesagt – dessen bewußt sein sollte, daß es stets von großem Vorteil ist, wenn die persönliche Aussprache und Beratung in Anspruch genommen werden kann.

Wie wäre nun zu beginnen?

Es ist im Grunde alles ganz einfach. Als erstes sollte man sich darüber klar werden, zu welchen Tageszeiten die Meditation jeweils durchgeführt wird. Es ist wichtig und förderlich, die festgesetzten Zeiten unbedingt einzuhalten. Denn nur, wenn sich der Übende keine

Ausnahmen und Nachlässigkeiten gestattet, wird es möglich sein, durchzuhalten und alle anfänglichen Versuchungen und Hindernisse zu überwinden.

Besonders zu empfehlen wären die Zeiten vor dem Frühstück und vor dem Abendbrot, denn man sollte nicht im Anschluß an eine Mahlzeit meditieren. Wer es sogleich morgens nach dem Erwachen im Bett tun möchte, wasche sich am besten vorher. Die Dauer der täglichen Meditation sollte zweimal täglich 20 Minuten bis zu einer halben Stunde sein (und eventuell zusätzlich noch zehn Minuten abends vor dem Einschlafen).

Wer glaubt, diese Zeit nicht aufbringen zu können, sollte versuchen, entsprechend früher aufzustehen, denn man sollte während der Meditation das Gefühl haben, diese halbe Stunde wirklich Zeit zu haben. Es versteht sich von selbst, daß man möglichst ungestört sein sollte. Eventuell stelle man sich bei Beginn einen nicht zu lauten Wecker (gegebenenfalls unter eine schalldämpfende Decke), um nicht unruhig zu werden bei der sonst leicht auftauchenden Frage: »Wird die Zeit wohl bald um sein?«

Man setze sich bequem auf einen Stuhl oder, wer es kann und lieber möchte, mit verschränkten Beinen ins Bett oder auf den Fußboden. Der bequeme Sitz ist in erster Linie wichtig. Es muß alles angenehm sein. Dies ist überhaupt ein wesentlicher Grundsatz der Meditation. Wo Unangenehmes sich einstellt, muß korrigiert werden.

Wurde eine bequeme Sitzhaltung eingenommen (Liegen ist ungeeignet), so werden die Augen geschlossen. Der eigentlichen Meditation sollte zweckmäßigerweise jeweils einige Minuten lang das im Geist und im Herzen bewegte Kurzgebet folgenden Inhaltes vorangehen: »Herr Jesus Christus, erfülle mich (uns) mit deiner Kraft des höchsten Heiles (und der Heilung), erfülle mich (uns) mit deinem Geist der Liebe und der Wahrheit, erfülle mich (uns) mit göttlichem Licht«.

Doch es ist ebenso möglich – und dies sei jedem anheimgestellt –, jeweils nur den ersten, den mittleren oder den letzten Teil des Kurzgebetes zu verwenden. Also: »Herr Jesus Christus, erfülle mich (uns) mit deiner Kraft des höchsten Heiles (und der Heilung)« oder: »Herr Jesus Christus, erfülle mich (uns) mit deinem Geist der Liebe und der Wahrheit« oder: »Herr Jesus Christus, erfülle mich (uns) mit göttlichem Licht«.

Es wird hier in jedem Fall Christus und der in ihm lebendige und mit ihm verbundene reine, heilige Geist, der Gottesgeist angesprochen, wenn auch in dessen unterschiedlichen Aspekten und Auswirkungen als Befreiung und Erlösung bewirkende Kraft des Heils, als Geist der Wahrheit und der Liebe oder als Erleuchtung und Befreiung bewirkendes göttliches Licht.

Durch dieses Gebet ergibt sich eine für die folgende Meditation förderliche Grundhaltung der Hinwendung, der Öffnung und der Bitte um heilbringende geistige Kraft und göttliche Gnade. Wer dieses Gebet oder einen Teil davon oft im Geist und im Herzen bewegt – dies kann auch im Alltag immer wieder zu manchen Zeiten und in geeigneten Situationen geschehen –, wird feststellen, daß ein besonderer Segen damit verbunden ist.

Wenn nach einigen Minuten das Gebet beendet wurde – sein innerer Gehalt und die Antwort Gottes begleiten den Meditierenden unausgesprochen und unbewußt in der folgenden Meditation –, überlasse er sich einen Augenblick lang, ohne Besonderes zu denken, der *Stille* in sich. Es kann hilfreich sein, hier eine Betrachtung anzuschließen, indem sich der Übende vergegenwärtigt, daß während der Meditation alles Sinnen,

Trachten und Denken an die Welt und an alle ihre Inhalte und Probleme zu entlassen und *loszulassen* ist. Wenn er aus tiefstem Herzen bereit ist, jetzt, während der nächsten halben Stunde, auf alles zu verzichten, was in irgendeiner Beziehung steht zur Welt und zu ihm selbst – auch er gehört ja mit seiner irdischen Persönlichkeit zu »dieser Welt« –, dann lockert er viele unsichtbare Bindungen zum Außenbereich des Lebens, die seine Meditation erschweren könnten, und er wird dadurch fähiger, gesammelt und unabgelenkt zu meditieren.

Es ist ebenso möglich, in umgekehrter Reihenfolge vorzugehen, indem zuerst für eine kleine Weile die Stille empfunden und das Denken an alle weltlichen Belange aufgegeben wird und dann das Kurzgebet angeschlossen wird.

Es ist also zu empfehlen, vor oder nach dem der Meditation vorangehenden Kurzgebet die Welt mit allen ihren Problemen, Sorgen und Hoffnungen zu entlassen als etwas, das während der Meditation keine Bedeutung besitzt und daher nicht beachtet werden sollte. Die Welt fordert nach der Meditation ohnehin wieder ein hohes Maß an Aufmerksamkeit. Während der Meditation dagegen sollte der Geist möglichst ungeteilt und unabgelenkt dem Überweltlichen, Gott, zugewandt sein.

Ruhig und ohne Anstrengung wird nach einer kleinen Weile mit der eigentlichen Meditation begonnen, indem die Worte »Jesus Christus« gedacht, d. h. im Geiste bewegt werden. Es werden diese Worte in Gedanken (also nicht laut) wiederholt: Jesus Christus, Jesus Christus, Jesus Christus usw., nicht zu langsam und nicht zu schnell, so wie es angenehm ist. Und es ist dies mehr ein Lauschen auf den inneren Klang dieser Worte als ein bloßes Denken. Es braucht nichts weiter gedacht zu werden als diese Worte, die im folgenden kurz als das Meditationswort bezeichnet werden sollen. Der Meditierende überläßt sich einfach dem Denken dieses Wortes. In welcher Weise es auch geschehen mag: Wenn es in einer leichten und angenehmen Weise geschieht, ist es richtig. Wird es langsamer, so ist es gut; wird es schneller, so ist es auch gut. Und es ist ebenfalls gut, wenn es lauter bzw. deutlicher oder leiser bzw. undeutlicher wurde. Es soll mit dem bewußten Willen nichts beeinflußt werden, sondern alles soll dem Gedankenfluß – dem Denken des Meditationswortes – überlassen und hingegeben sein. Dem menschlichen Geist wohnt die natürliche Neigung inne, sich zum Angenehmeren hin zu bewegen. In der rechten Meditation wird ihm die Freiheit gegeben, dieser Neigung in geeigneter Weise zu folgen und mit der wachsenden Vertiefung wachsendes Wohl zu erfahren.

Es werden in der Meditation auch andere Gedanken auftauchen. Das ist ganz natürlich. Es sollte nicht versucht werden, diese fremden Gedanken durch Willensanstrengung abzuweisen. Sie sollten lediglich zur Kenntnis genommen werden als etwas Gleichgültiges, und dann sollte sich der Meditierende wieder zwanglos der Meditation, dem Wort Jesus Christus, zuwenden. Auch wenn das Meditationswort Jesus Christus infolge aufkommender Gedanken ganz vergessen worden sein sollte, ist das nicht weiter schlimm. Sobald dies dem Übenden bewußt wird, nimmt er das Meditationswort einfach wieder auf.

Es kann sein, daß während der Meditation das Denken sanfter, wie verschwommen wird. Auch das ist richtig und sollte dann nicht geändert werden, denn es sollte sich der Meditierende ja der Meditation überlassen.

Die Meditation wäre also auch dann noch durchaus

richtig, wenn der Übende den Eindruck hat, daß das Wort Jesus Christus längst nicht mehr so deutlich formuliert wird in Gedanken wie am Anfang. Vielleicht ist es nur noch wie ein Hauch, den er ständig wiederholt bzw. der sich in ihm wiederholt und den er jetzt mehr wahrnimmt, als selber formuliert. Und es kann sein, daß das Meditationswort nicht nur sanfter und leiser wird und nur noch wie ein Hauch wahrzunehmen ist, sondern hin und wieder ganz verschwindet. Auch das ist richtig und sollte nicht verhindert werden. Sobald dem Meditierenden bewußt wird, daß er das Meditationswort aus dem Bewußtsein verloren hatte, nimmt er es sanft wieder auf. Dieses erneute Aufnehmen des Wortes in Gedanken sollte die gegenwärtige Bewußtseinslage nicht verändern. Das heißt, wenn zum Beispiel sehr massive und deutliche Weltgedanken ablenkten und das Meditationswort vergessen ließen, so nimmt der Übende, sobald ihm dies bewußt wurde, das Meditationswort wieder klar und deutlich auf. Ist ihm aber das Meditationswort zum Beispiel immer leiser und schwächer, vielleicht auch schneller oder langsamer geworden und dann allmählich abhanden gekommen, und es wird ihm dies dann bewußt, so nimmt er es ganz sanft und leise und kaum deutlich formuliert wieder auf, etwa in der Art, wie es sich vor dem Verschwinden darstellte. Es ist wichtig, dies alles zu beherzigen. Und es ist auch wichtig zu wissen, daß der Erfolg der Meditation vom Verstand nicht beurteilt werden kann. Daher sollten während der Meditation keine Überlegungen etwa der Art angestellt werden: »Bin ich jetzt in einer guten Verfassung? Warum empfinde ich es heute anders als gestern? Ist das heutige Empfinden oder Erleben weniger günstig oder umgekehrt? Wie ist dies zu deuten? Wie jenes?« usw. usw.

Alle solche und ähnliche Fragen sind überflüssig und hindern die Meditation. Sie verhindern die Vertiefung des Geistes. Der Meditierende sollte daher wissen: Wie die Meditation auch verlaufen mag – sie hat ihre gute Wirkung. Dies auch dann, wenn er nichts oder noch nichts davon merken oder feststellen kann. Die gute Wirkung der Meditation geschieht in Bereichen, die dem Verstand nicht zugänglich sind. In diesen tieferen Bereichen des menschlichen Wesens vollziehen sich heilsame Verwandlungen, die irgendwann dem Meditierenden und seiner Umwelt spürbar und sichtbar werden. So führt die Meditation zu einer Gesundung des ganzen Menschen, weil alle Bereiche, weil Geist, Seele und Leib von ihr durchdrungen und heilsam beeinflußt werden.

Es kann sein, daß während der Meditation diese oder jene Empfindungen oder Erscheinungen auftreten. Alles dies ist als Nebenergebnis des Weges zu betrachten und nicht weiter zu beachten. Es hat keinen besonderen Eigenwert und würde nur vom Ziel ablenken und in Sackgassen führen, würde darauf nun eine besondere Aufmerksamkeit gerichtet werden.

Wesentlich ist es, das Meditationswort zwar nicht krampfhaft festzuhalten, doch stets wieder zu ihm zurückzukehren, wenn es aus diesem oder jenem Grunde verlorenging.

Mit fortschreitender Übung und wachsender Vertiefung der Meditation ergeben sich drei parallel laufende Vorgänge:

1. Das Mediationswort erfährt eine Veränderung im Sinne einer Anpassung an höhere Bewußtseinsebenen.
2. Meditationsfremde Gedanken treten sanfter, weniger drängend und seltener in das Bewußtsein des Meditierenden. Sie können für kürzer oder länger ganz verebben.

3. Die anfängliche gedankliche Bewegtheit wird mehr und mehr abgelöst von einer ruheerfüllten Klarheit und von dem sich verstärkenden Bewußtsein der Gegenwart des reinen, göttlichen Geistes. Tiefe Erfahrungen der Einswerdung sind hier möglich. Sie können beglückende, durchdringende und befreiende Erkenntnis vermittelnde Auswirkungen haben.

Wo die Voraussetzungen für die tiefsten und heilsamsten Meditationserfahrungen gegeben sind, dort wird es möglich, daß der Meditierende den Bereich des sinnenhaft Wahrnehmbaren und Vorstellbaren überschreitet und zur unmittelbaren tiefen Erfahrung des Einsseins mit dem reinen, ungetrübten göttlichen Geist der Wahrheit gelangt. Die Gegen-sätze von Ich und Welt, von Ich und Gott sind dann weitgehend überschritten und aufgehoben in einer höheren Einheit lebendig-erleuchteten Seins.

Da mit dem Meditationswort Jesus Christus die Kraft des lebendigen, göttlichen Geistes angesprochen wird, beginnt diese Kraft im Meditierenden wirksam zu werden. Eine von irdischen Wünschen freie, liebevolle Grundstimmung fördert die Meditation in besonderer Weise. Der Meditierende sollte zu Beginn seiner Meditation Gott bitten, seine Meditation zu segnen und zu lenken und in ihr gegenwärtig zu sein. Und er sollte ihn zugleich bitten, seinen heiligen Geist in ihn einfließen zu lassen und damit seine Wahrheit und seine Liebe. Und er sollte Gott am Ende danken für seine Hilfe und Gnade.

Grundsätzlich ist zu empfehlen, als Meditationswort den Namen »Jesus Christus« zu gebrauchen. Sollte jemand am Anfang innere Hemmungen einem der beiden Worte gegenüber empfinden oder den Eindruck haben, daß es für ihn leichter sei, nur einen der beiden

Namen – also Jesus oder Christus – als Meditationswort zu gebrauchen, so möge er das tun. Er möge dann aber bei dem gleichen Wort so lange – mindestens Monate hindurch – bleiben, bis er von selber und von innen her die Neigung verspürt, nun zur Meditation des vollen und umfassenden Namens des Herrn überzugehen. Dabei bleibe er dann. Es wäre nicht gut, öfter zu wechseln und diese oder jene Möglichkeit willkürlich zu probieren.

Wer Hemmungen oder Vorurteile hat und noch nicht bereit ist, sich Jesus Christus selber zuzuwenden mit der Meditation seines Namens, der sei hier noch mit einer anderen guten Meditationsübung bekanntgemacht, die jeder durchführen kann, gleichgültig, welcher Konfession oder Religion er angehört. Sie ist ebenso geeignet für diejenigen, die keiner Glaubensrichtung angehören.

Mit dieser Meditation wird eine Geisteshaltung geübt, welche die Grundeinstellung jedes wahrhaft religiösen oder der Wahrheit ergebenen Menschen bestimmt oder weitgehend bestimmen sollte. Es ist die Übung des liebevollen Durchstrahlens aller Menschen und aller Wesen.

Man setzt sich, wie bei der vorhin genannten Übung, bequem hin, schließt die Augen und bittet Gott, oder wenn ein Glaube an Gott nicht vorhanden ist, die im Universum vorhandenen Kräfte des Guten, der Liebe und des Heils, einzufließen oder sie einfließen zu lassen. So läßt man den eigenen Körper, die Seele und den Geist von der göttlichen Liebe erfüllen und bittet, daß diese heilbringende Liebe weiterfließen möge zu den Angehörigen, zu den Freunden und Bekannten, zu allen Menschen, auch zu denen, die eine feindliche Haltung einnehmen, und schließlich zu allen Wesen im unendlichen All. Es ist die Übung des unbegrenzten, liebevollen Strahlens zu allen Wesen. Es ist die Übung, die schon vor 2500 Jahren von Buddha, dem Erleuchteten, in ähnlicher Weise als Weg zu den hohen göttlichen Bereichen bezeichnet und empfohlen wurde.[11] Und es ist diese hier zur Übung verdichtete Grundhaltung, die Jesus meint, wenn er sagt: Liebe Gott über alles und deinen Nächsten wie dich selbst.

Wer diese Übung regelmäßig durchführt, beginnt allmählich zu spüren, daß Geben seliger ist als Nehmen, daß ein großer Segen davon ausgeht und daß sie die beste Grundlage und Vorbereitung ist für den, der durch Fürbitte die Hilfe Gottes und seines heiligen Geistes erlangen möchte für seine Mitmenschen, um ihnen zu helfen bei der Überwindung ihrer seelischen Nöte und körperlichen Leiden.

Es sei hier allerdings darauf hingewiesen – und es ist ein Gebot der Klugheit –, daß es für den Anfänger ratsam ist, sich in der ersten Zeit in seiner Liebe-Meditation nur solchen Menschen zuzuwenden, die es ihm nicht besonders schwer machen, selbstlose Liebe für sie zu empfinden (etwa seiner Mutter, seinen Geschwistern, seinen Lehrern oder wahren Freunden). Wer damit begänne, einen ihm feindlich gesonnenen, boshaften Menschen gütig-liebevoll durchstrahlen zu wollen, der geriete als Ungeübter allzu leicht in Gefahr, an dessen Bosheit zu denken und Empfindungen der Abneigung oder gar des Hasses in sich aufkommen zu lassen.

Und wer sich einer für ihn besonders anziehenden Person des andern Geschlechtes zuwendete, käme leicht in Gefahr, Empfindungen sinnenhafter Lust und des Begehrens in sich aufsteigen zu lassen statt selbstloser Liebe. Wo sinnenhaftes Begehren oder Haß gegenwär-

---

[11] *Die Reden Gotamo Buddhos*, op. cit.

tig sind, kann es keine meditative Vertiefung geben. Die Übung der Liebe-Strahlung wäre dann hohl und wirkungslos. Wo aber Schritt für Schritt vorgegangen wird, dort wächst mit der Ausdauer und Übung die Kraft und die Fähigkeit, allmählich immer mehr Menschen einzubeziehen und schließlich auch diejenigen gütigen Herzens zu durchstrahlen, die dem Ungeübten unüberwindliche Schwierigkeiten bereiten würden.

Es gilt also, eine Geisteshaltung zu üben und zu bewahren, die weitgehend und schließlich vollkommen frei ist von allen negativen und selbstsüchtigen und daher unheilvollen Regungen – wie beispielsweise des Hasses, des Neides, der Abneigung, des Stolzes und des sinnenhaften Begehrens – in all den möglichen Ausprägungen und Stärkegraden bis hin zur subtilsten Form negativ-belastenden Denkens und Empfindens.

Reines, auf das wahre Heil gerichtetes Wohl-wollen als unbegrenzte, von keiner negativ-unheilvollen Regung des Geistes gehemmte Güteauswirkung ist Ziel, Inhalt und Wesen der Liebe-Strahlung. Sie immer mehr zu vertiefen und zu vervollkommnen, ist die Aufgabe, die dem Meditierenden gestellt ist. Für den in vollkommener Liebe Verweilenden sind alle Vorbehalte und Begrenzungen aufgehoben. Sein Strahlen gleicht dem Strahlen der Sonne, die ihr Licht, ihre Wärme und ihre Kraft vorbehaltlos allen zusendet.

Je mehr der wahre Geist im Menschen – der ein Fünkchen des göttlichen Geistes ist – erwacht und damit fähig wird, den unendlichen Geist Gottes aufzunehmen und einfließen zu lassen und von ihm den ganzen Menschen durchdringen und verwandeln zu lassen -, desto mehr wird es möglich, diese Gnade der heilbringenden und heilenden göttlichen Liebeskraft zugleich für andere zu erbitten und an andere weiterzugeben.

Und es können dann Wunder der Heilung und der Heilwerdung geschehen, wenn es Gottes Wille ist.

Besonders in dieser Meditation hat auch das Gebet in seiner höchsten Form seinen Platz. Es ist das wahre Herzensgebet, das aus tiefstem Herzensgrunde, in dem die göttliche Liebe wohnt, aufsteigt und Licht und Gnade erbittet und das Erhaltene weitergibt in selbstloser Liebe. Das Wunderbare ist, daß auch der Gebende immer reicher wird, je mehr er gibt. Wer aus der unendlichen Fülle Gottes zu schöpfen vermag, kann nicht verarmen, denn was er gibt, strömt ihm wieder zu in reicherem Maße.

In einem fortgeschrittenen Stadium der Übung und der inneren Entwicklung können sich beide Arten der Meditation – Wortmeditation und Liebe-Strahlung – einander nähern und ineinander übergehen. Da das Wesen Jesu, das Wesen Gottes, reiner Geist, reine sich verströmende Liebe ist – verbunden mit Weisheit, so wie die Flamme Wärme und Licht zugleich ist -, ist auf dem Weg zum gleichen Ziel, wer sich von der einen oder anderen Seite her auf den Weg macht.

Grundsätzlich allerdings scheint es – bei Berücksichtigung der inneren Situation der meisten der heute lebenden Menschen – wesentlich leichter zu sein, mit der Wort-Meditation zu beginnen und die durch den mehr technisch-automatischen Ablauf der Übung gegebene Hilfe sowie die im Wort selbst liegende Kraft für den Erfolg und das Vorankommen auf dem Wege zu nutzen.

Die hier angewandte Meditationsmethode ermöglicht es, daß der Geist auf relativ einfache und mühelose Weise während der Meditation in tiefere Bewußtseinsbereiche gelangt und von dort her mehr Ruhe, Harmonie und Energie erhält. Mit dem göttlichen Wort, das Fahrzeug und Leitlinie zugleich ist, gelangt er schließlich bis an den Ursprung dieses Wortes und damit in den Bereich des reinen, göttlichen Geistes und somit zu Gott selbst.

Indem der Meditierende Gewohntes »loszulassen« beginnt, wächst ihm Neues entgegen, das ihn bereichert und beglückt, und er gewinnt um so mehr, je mehr er »aufzugeben« vermag, denn er nähert sich dem Urquell jener selbstlosen, nun auch in ihn immer stärker einströmenden göttlichen Weisheit und Liebe, die er als Gnade zu empfangen vermag, da er sich ihr geöffnet und zugeneigt hat in der liebevollen Versenkung in den Namen dessen, der die höchste Wahrheit und die reinste Liebe in sich trägt.

Der Begriff der Herzensmeditation möge beide Arten der Übung – die Wortmeditation und die Liebe-Strahlung – umfassen und einschließen. Sie beginnt in der Regel mit der Wortmeditation und kann früher oder später zur bewußten Übung der Liebe-Strahlung übergehen – oder der Meditierende kann diese eines Tages spontan in sich wahrnehmen als Ergebnis der Wort-Übung.

Neben der reinen, selbstlosen Liebe können ebenso die Empfindungen der Freude und des Erbarmens im Sinne der Mitfreude und der die Unzulänglichkeit und Leiden der Wesen mitempfindenden, helfend-erbarmenden Liebe sowie der unerschütterliche Gleichmut und die Demut geübt werden oder sich von selbst aus der Wort-Übung ergeben.

Wo solches sich ereignet, ist der Mensch auf dem Wege, das Gute und damit göttliche Eigenschaften in sich zu verwirklichen und frei zu werden von aller Gebundenheit und allem Leid. Er entwächst dem Vergänglichen und gelangt zum Unvergänglich-Unwandelbaren, das bereits in diesem Leben gewonnen werden kann. Es ist gleichzusetzen mit der Überwindung allen Unwissens und allen Ich-Dünkels und mit der Verwirklichung des Göttlichen im eigenen Herzen.

Der irdische Tod ist dann nur noch die Loslösung und Befreiung vom Vergänglichen, das um eines unvergleichlich Besseren willen innerlich ohnehin aufgegeben wurde. Er ist der Übergang in das lichte Reich des Friedens, der Freiheit und der Seligkeit.

Oft gemachte Erfahrungen mit Meditierenden geben Anlaß, *dringend* darauf hinzuweisen, daß dieses, die praktische Durchführung der Herzensmeditation betreffende Kapitel *mehrmals* in Ruhe gelesen werden sollte und daß *alle* Hinweise, welche die Ausführung der Meditation betreffen, *wörtlich* zu nehmen und *genau* zu befolgen sind, wenn die Meditation richtig und erfolgreich verlaufen soll. Alle vorgefaßten Meinungen über Meditation und alle Vor-Urteile müssen beiseite gelassen werden, soll neue und tiefere Wahrheit erwachsen und lebendige Erfahrung möglich werden.

So hat es zum Beispiel seinen tiefen Grund, wenn in der Herzensmeditation grundsätzlich auf bildhafte Vorstellungen, also auch auf die bildhafte Vorstellung von Jesus Christus verzichtet wird. Alles selbst »Gemachte« ist unzulänglich und begrenzt. Es vermag nicht hinauszuführen über den Bereich des Irdisch-Vergänglichen, der überschritten werden muß, um den Kontakt mit dem unvergänglich-göttlichen Sein zu ermöglichen. Nur wenn in der Meditation auf eigenes Tun und Vorstellen weitgehend verzichtet wird, wenn alles Eigen-willige losgelassen, dem göttlichen Geist Einlaß gewährt und seiner sanften Führung Folge geleistet wird, geschieht wie von selbst das, was befreiende und verwandelnde

Wirkung hat. Nur das, was in der Meditation mit der Hilfe und Gnade Gottes aus tiefer geistiger Erfahrung erwächst und »geschieht«, hat erneuernde Kraft.
Nichts ist hilfreicher und notwendiger als Erfahrungen solcher Art. In ihnen erschließt sich ein tieferes Verständnis des eigenen Lebens und des Lebens der Mitmenschen wie des Lebenssinnes überhaupt. Und es wird möglich, im unmittelbaren Erfahren göttlich-geistiger Wirklichkeit jene unerschütterliche Gewißheit zu erlangen, die Ausdruck wahrer Religiosität und zugleich ein Zeichen innerer Stärke ist.

7. Von der Liebe-Strahlung zur Heil-Meditation

*Möglich ist es, zu einem höheren
und heileren Bereich des Lebens
zu gelangen und von dort her
Heilung zu empfangen.*

*Unerläßlich ist es, sich in
Wahrhaftigkeit und Liebe zu üben,
um fähig zu werden zum Kontakt
mit der Ur-Liebe und der Ur-Wahrheit
und damit zu Gott,
der alles zu geben vermag dem,
der demütigen Herzens bittet.*

Die *Liebe-Strahlung* ist einer der wichtigsten und in seiner Auswirkung segensreichsten besonderen Aspekte der Herzensmeditation. Diese Möglichkeit zu einem gleichzeitig gesammelten, vertieften und heilsamen geistigen Wirken als Liebe-Strahlung erwächst dem einzelnen in dem Maße, wie er fähig wird zur rechten, heilsamen Meditation.

Ist die Grundübung der Herzensmeditation (die Wort-Meditation) allein auf Christus und den in ihm lebendigen und von ihm wie vom allgewaltigen Schöpfer ausgehenden Gottesgeist gerichtet, der im eigenen Herzen und als Mitte und tiefster Grund des eigenen Wesens erfahren werden kann, so ergibt sich in der Liebe-Strahlung in etwas anderer und ganz besonderer Weise eine übergreifende Ausweitung des Bewußtseins, indem andere Menschen und Wesen vom Geist der Liebe und dessen verbindender, lebenfördernder, Gutes und Heilsames bewirkt und zugleich allen negativen Kräf- und hilfreich erfüllt werden. Wahre Liebe als von selbstsüchtigen Antrieben freie göttliche Kraft ist die positive Grundkraft des Lebens, die ausschließlich Gutes und Heilsames bewirkt und zugleich allen negativen Kräften ihre Wirkungsmöglichkeit entzieht, wo ein Mensch dieser erlösenden und befreienden Kraft der Liebe in sich Raum gibt und sich zugleich mit ihr vereint.

In der Liebe-Strahlung vermag der Meditierende die Kraft des Guten, der Wahrheit und der Liebe, die ihm aus dem unendlichen und unerschöpflichen Bereich göttlicher Kraft und göttlichen Geistes zufließt, zu vermitteln und auf diejenigen zu übertragen, die ihm geistig vor Augen gestellt sind und denen zu helfen ihm ein inneres Anliegen ist. Wer sich in Demut, Liebe und Hingabe dem Gottesgeist zu einen vermag und das von ihm Empfangene weitergibt an andere, verarmt nicht, denn ihm erschloß sich ein unerschöpflicher Quell geistiger Kraft. Je mehr er gibt, je stärker er geistige Kraft empfängt und liebevollen Herzens weiterleitet, desto mehr wächst und reift er selber, desto stärker wird die Kraft des Guten und des wahren Lebens in ihm.

Wo durch eine rechte und wahrhaftige Lebensführung und eine erfolgreiche Meditationspraxis – insbesondere auch der Liebe-Strahlung – die eben genannten Voraussetzungen gegeben sind, dort wächst die Fähigkeit, die Liebe-Strahlung in einer besonderen, gezielten Weise und mit besonderer Wirkungsmöglichkeit einzusetzen. Die Liebe-Strahlung vermag dann in zweifacher Weise zur »Heil-Meditation« zu werden. Auch die Grundübung der Herzensmeditation sowie ihre besonderen Aspekte können als Heil-Meditation im allgemeinen und grundsätzlichen Sinn angesprochen werden, da sie das wahre Heil des Menschen zum Ziel haben. Die Liebe-Strahlung vermag aber in einem ganz speziellen und erweiterten Sinn Heil-Meditation zu werden, indem sie – über die allgemeine Zielrichtung einer heilsamen und stärkenden Einwirkung auf Geist und Seele desjenigen oder derjenigen Personen, die liebevoll durchdrungen werden, hinausgehend – auf Regeneration und Heilung des Leibes und der mit ihm eng verbundenen seelischen Funktionen gerichtet wird.

Die hier möglich werdende Heil-Meditation wirkt also auf zweierlei Weise:
a. Sie fördert das innere Wachsen und Reifen, das Heil der Seele wie auch die harmonische Entfaltung und Stärkung der gesamten Persönlichkeit des Meditie-

renden in ihrem dreifachen Aspekt von Geist, Seele und Leib, und sie vermag:

b. in ganz spezieller und zielgerichteter Weise anderen Menschen göttlich-geistige Kräfte zu übermitteln, die Regeneration und Heilung zu bewirken vermögen. Da es sich um göttlich-geistige Kräfte handelt, ist unzweideutig klar, daß nicht der Meditierende als Mensch Heilung bewirkt, sondern allein Gott, indem er seine Liebe als Hilfe gibt, wo ein Mensch in Liebe zu seinen Mitmenschen die göttliche Liebe anrührt und zur heilbringenden und heilenden Auswirkung anregt.

Das Anrühren der göttlichen Liebe wird um so eher möglich, je reiner, tiefer und selbstloser die Liebe des Meditierenden ist. Es kann zusätzlich gefördert werden durch das *Kurzgebet:* »Herr Jesus Christus, erfülle uns (d. h. mich und ihn oder sie) mit Heilung bewirkender göttlicher Kraft«. Der Meditierende sollte vor allem *geöffnet* und *durchlässig* sein für das Wirken des Gottesgeistes. Er sollte sich darüber hinaus *liebevoll einfühlen* in den anderen und ihm Wohl und Heil und *Gesundung* wünschen.

Hier nun ist es angebracht und wünschenswert, auch die *Vorstellungskraft* einzusetzen und sie auf das Gesunde, Vollkommene auszurichten. Jeder Mensch – auch der Kranke und Leidende – trägt von seinem Ursprung her als Möglichkeit das Bild des Gesunden, des Vollkommenen in sich. Es kommt nur darauf an, diese »Entelechie«, diese zum Vollkommenen hin strebende geistige Kraft im Menschen zu stärken, sie von Hindernissen und Hemmungen zu befreien und damit zur ungehinderten Entfaltung gelangen zu lassen. Jede rechte, auf das Rein-Geistige, auf Gott hin ausgerichtete Meditation stärkt die Entfaltung zur Vollkommenheit hin. Damit ist grundsätzlich neben der Förderung der geistigen Klarheit und Kraft immer auch *indirekt* eine Stärkung der regenerierenden und heilenden Kräfte des Leibes und der Seele gegeben.

In der *Heil-Meditation* ist der Meditierende *bewußt* und *direkt* auf den leidenden *Mitmenschen* ausgerichtet. Er versucht, sich liebevoll in diesen einzufühlen und – indem er ihm seelische und körperliche Gesundung wünscht – ersteht vor seinem geistigen Auge das Bild dessen, das er dem anderen wünscht, nämlich das Bild des heilen und gesunden Menschen. Die geistige Vorstellung des heilen und gesunden Menschen sollte so klar wie möglich vor dem inneren Auge erstehen und mit dem Wunsch und mit dem festen Vertrauen verbunden sein, daß dieses geistige Bild im körperlichen Organismus Wirklichkeit werde, soweit dies dem Willen Gottes entspricht. Die größere Weisheit und Liebe Gottes wird stets darüber wachen und entscheiden, wie weit Heilung und damit Befreiung von Krankheit, Leid und Behinderung möglich und zulässig sind, ohne daß das Heil der Seele des Kranken dadurch gefährdet wird. Entsprechend den unterschiedlichen Graden der meditativen Vertiefung können die Vorstellungen von unterschiedlicher Art sein. Da wahres geistiges Geschehen frei ist von den Begrenzungen von Raum und Zeit, ist die Möglichkeit der Verwirklichung unabhängig von solchen Begrenzungen gegeben.

Wo aus einem tiefen Mitempfinden mit dem leidenden Mitmenschen und aus einem tief empfundenen Einssein mit dem Geist und Willen Gottes heraus der Wunsch zu helfen zur Liebe-Strahlung und zu deren besonderer Form der Heil-Meditation wird, dort geschieht dies im Einklang mit dem Willen Gottes, und es werden keine negativen Einflüsse oder Auswirkungen möglich sein. Die Liebe des Meditierenden zum leidenden Mitmenschen, die Reinheit seiner Gedanken und Absichten und die Bereitschaft, für ihn da zu sein als Mitfühlender und als Vermittler geistiger Kraft, sind die Voraussetzung dafür, daß aus einem höheren, überweltlichen Bereich kommende heilbringende und heilende Kräfte wirksam zu werden vermögen.

Der Leidende aber, dem heilende Kräfte vermittelt werden, wird um so mehr Hilfe und Stärkung erfahren können, je mehr er selber die Grundgesetze des Lebens beachtet und damit den göttlichen Richtlinien und Geboten folgt.

Eine tiefgreifende und dauerhafte Förderung der seelischen und körperlichen Gesundheit wird nur dort möglich sein, wo beide Voraussetzungen erfüllt sind: Eine genügende innere Reife und Fähigkeit des Meditierenden und eine lebensgesetzlich richtige, auf das Heil der Seele hin ausgerichtete innere Einstellung des Leidenden.

Bei der Erklärung der Herzensmeditation wird immer wieder betont, daß der Meditierende während der Meditation auf jegliche eigenen Vorstellungen zu verzichten habe. Dies ist nach wie vor gültig. Wenn bei der Erklärung der Heil-Meditation dagegen gesagt wurde, daß die Vorstellungskraft in hilfreicher Weise eingesetzt werden könne, so bezieht sich dies *allein auf die Heil-Meditation* und die durch sie beabsichtigte besondere Wirkung wie auch auf die in ihr geübte besondere geistige Einstellung. Zudem ist offensichtlich, daß das Ziel der Herzensmeditation – der reine Gottesgeist – ohnehin nicht vorstellbar ist; daß jedoch der gesunde Mensch oder das gesunde Organ durchaus vorstellbar sind und daher hier eine Hilfestellung durch die vollkommenere geistige Vorstellung – die als Leitbild zu wirken vermag – durchaus möglich ist. Die Kraft der

Bewußtwerdung des Vollkommeneren und Heileren wirkt hier als geistig belebende und lenkende Kraft und wirkt richtungweisend und anspornend für alle Kräfte der Seele und damit des Unbewußten, da durch das gleichzeitige Vorhandensein tiefen Wohlwollens und des selbstlosen Wunsches nach Gesundung die inneren Voraussetzungen gegeben sind, aufgrund derer ein hilfreiches Wirksamwerden göttlich-geistiger Kraft entsprechend den göttlichen Lebens- und Daseinsgesetzen möglich wird.

An dieser Stelle sei auch auf die mögliche Verbindung des Atemvorganges mit der Liebe-Strahlung als wirkender Kraft der Heil-Meditation hingewiesen. Hierbei sollte beachtet werden, daß die Meditation leichter und wirkungsvoller wird, wenn es dem Meditierenden gelingt, sich nicht so sehr mit seiner grob-materiellen Körperlichkeit zu identifizieren als vielmehr mit seinem höheren, geistigen Wesensanteil. Dies bedeutet, sich als dynamische, kraftvolle, mit Gott verbundene geistige Wesenheit zu verstehen, die ohne Mühe in der Lage ist, heilbringende göttliche Kräfte aufzunehmen und weiterzuleiten an diejenigen, die ihrer bedürfen.

Der Meditierende erkennt und empfindet sich selbst und diejenigen, denen er helfen möchte, als primär geistig-dynamische Wesen. Und er erfaßt immer tiefer, daß die so festgefügt erscheinende körperlich-materielle »Oberfläche« veränderlicher, beeinflußbarer und einer heilsamen geistigen Beeinflussung zugänglicher ist, als dies – von außen her gesehen – möglich erscheint. Der Geist erfüllt und belebt den Leib. Der Gottesgeist vermag Geist, Seele und Leib des Menschen nicht nur mit neuer Kraft, sondern darüber hinaus mit Heilung und Heilwerdung im höchsten Sinn zu erfüllen. Die Voraussetzungen dafür, daß dies in hohem Maße in ihm, durch ihn und zugleich in denen geschehen kann, denen er sich liebevoll-vermittelnd zuwendet, muß der Mensch zuvor in sich selbst schaffen.

Mit dem Gewinn dieser inneren Voraussetzungen und der damit verbundenen zunehmenden geistigen Reife wächst die Fähigkeit zur wirkungsvollen Heil-Meditation. *In Verbindung mit dem Atemvorgang ergibt sich folgende Übung:*

Stufe 1: Der Meditierende atmet mit der Vorstellung und in der Gewißheit ein, daß er die göttliche Liebe – in welcher die göttliche Heilkraft und damit (als Teil davon) auch jene Kraft, welche der Inder »Prana« nennt, enthalten ist – mit jedem Atemzug in sich aufnimmt. Und er atmet diese Kraft der göttlichen Liebe nicht sogleich wieder aus, sondern leitet sie – während körperlich die Ausatmung vor sich geht – als geistige Kraft in seinen ganzen Körper, ihn gleichsam nach allen Seiten durchdringend und erfüllend. Der in der Meditation Geübte vermag mit wachsender Deutlichkeit zu empfinden, wie die mit der Einatmung aufgenommene geistige Kraft tatsächlich während der Ausatmung in ihm spürbar wird und den ganzen Körper, ja sein innerstes Wesen durchdringt. Und er wird darüber hinaus die wohltuende und stärkende Wirkung dieser Übung an sich selbst erfahren und wahrnehmen.

Diese den Körper und die Seele des Meditierenden stärkende Vorübung wird zur Hauptübung, zur

Stufe 2: Hier wird die Regeneration und Heilung bewirkende Kraft der göttlichen Liebe als göttliche Heilkraft während der Ausatmung nicht nur dem Körper (und der Seele) des Meditierenden zugeleitet, sondern durch diesen hindurch zugleich demjenigen oder denen, welche in die Heil-Meditation einbezogen werden sollen. Mit anderen Worten: Einatmend ist der Meditierende zu Gott hin geöffnet und empfangsbereit, und er weiß, daß heilsame geistig-göttliche Kraft in ihn einströmt. Ausatmend ist er in gebender Gesinnung seinen Mitmenschen liebevoll-hilfreich zugewandt, und er weiß (und spürt), daß die aufgenommene geistige Kraft seinen Körper und seine Seele heilsam durchdringt und zugleich – durch in ihm lebendige liebevolle Impulse aktiviert und geleitet – weiterströmt zu den Menschen, die ihm geistig vor Augen stehen und denen zu helfen ihm ein inneres Anliegen ist.

Der Meditierende kann die Hilfs- und Heilungsbedürftigen einzeln und nacheinander in seine Heil-Meditation einbeziehen oder sie gemeinsam – sie im Geiste vor sich versammelnd – mit liebevollem Geist und Gemüt durchdringen und durchstrahlen im festen Vertrauen darauf, daß der Geist der unendlichen und unbegrenzten Liebe heilbringend, alle Kräfte des Leibes und der Seele stärkend und regenerierend, in ihnen wirksam werden wird.

Es dürfte für viele Meditierende insbesondere am Anfang leichter sein, die Heil-Meditation mit dem Atemvorgang zu verbinden und – wie oben dargestellt – als *Heil- und Liebe-Atmung* durchzuführen. Die Verbindung mit dem Atemvorgang ist deshalb als gute Ausgangsbasis und Grundlage für die Heil-Meditation anzusehen, weil sie schon in der Vorübung den Meditierenden deutlich spürbar stärkt und in ihm wesentliche Voraussetzungen schafft für eine wirksame Heil-Meditation. Es ist natürlich möglich, zu gegebener Zeit die Liebe-Strahlung von der Verbindung mit der Atmung zu lösen und unabhängig davon als Heil-Meditation durchzuführen oder aber von Anfang an auf eine Verbindung mit dem Atemvorgang zu verzichten.

Die göttliche Liebe und die in ihr gegenwärtige und wirkende Heilkraft ist als geistige Kraft unabhängig von Raum und Zeit und ebenso unabhängig von jeder Körperlichkeit – also auch vom Atemvorgang. Andererseits jedoch kann es, wie bereits erwähnt, – vor allem am Anfang – eine gute Hilfe für den Meditierenden sein, wenn er sein meditatives Bemühen um geistige Übereinstimmung mit dem göttlichen Geist der Liebe und zugleich um liebevoll-heilbringende Durchdringung der ihm vor Augen stehenden Menschen mit dem Atemvorgang koppeln und dessen sanfte Dynamik und innewohnende Kraft nutzen kann. Es besteht aber außerdem die Möglichkeit, vom Atemvorgang völlig unabhängige hilfreiche Vorstellungen als Grundlage und Ausgangsbasis der Heil-Meditation zu gebrauchen.

Die *Heil-Meditation*, welche hier besprochen wurde, ist eine spezielle, sich aus der Liebe-Strahlung (einem besonderen Aspekt der Herzensmeditation) ergebende Meditation. Sie kann geübt werden von denjenigen, die in der Meditation (Wort-Meditation und Liebe-Strahlung) geübt und erfahren sind. Sie kann aber auch, wie aufgezeigt wurde, vom Atemvorgang her entwickelt werden. Die Heil-Meditation ist zu unterscheiden von der *Heilungs-Fürbitte,* welche auch denjenigen möglich ist, die in der Meditation noch unerfahren sind. Wer ehrlichen Herzens Gott um Hilfe und Heilung bittet, darf ebenfalls auf Hilfe hoffen und vertrauen. Je mehr sich der Bittende geistig zu sammeln und zu vertiefen vermag, desto mehr nimmt sein Gebet den Charakter der Meditation an und desto durchlässiger wird er für das Wirken des Gottesgeistes in ihm und durch ihn.

So kann Heilungsfürbitte zur Heil-Meditation führen. Heil-Meditation aber enthält mit der Bitte an Christus um Heil und Heilung bewirkende göttliche Kraft immer auch das Element der Heilungsfürbitte. Der Meditierende wird so zum offenen, empfangenden und gebenden Mittler zwischen Gott und den Menschen, deren Heil und deren Gesundung ihm am Herzen liegt.

Dem regelmäßig und erfolgreich Meditierenden erwächst mit der zunehmenden Fähigkeit zur Heil-Meditation die Möglichkeit, die Forderung Jesu, seinen Nächsten zu lieben wie sich selbst, in einer neuen, hilfreichen und wirkungsvollen Weise zu verwirklichen. Hier erwächst jedem Meditierenden – unabhängig von weltlichen und finanziellen Mitteln – die Möglichkeit, auf einfache, stille und bescheidene Weise hilfreich und segenvermittelnd zu wirken.

Die hier besprochene Heil-Meditation ist *keine Heilbehandlung*, sondern eine geistige Heilungshilfe im Sinne der Stärkung und *Unterstützung der Selbstheilungskräfte* des Organismus. Daher kann und darf sie eine eventuell notwendige oder notwendig werdende ärztliche Behandlung nicht ersetzen oder ausschließen. Die Heil-Meditation kann in Fällen direkter Erkrankung als zusätzliche Hilfe neben der erforderlichen ärztlichen Behandlung durchgeführt werden. Sie vermag die ärztliche Behandlung zu unterstützen und zu ergänzen, da sie auf einer ganz anderen, geistigen Ebene wirksam wird. Sie kann nie schaden, sondern nur helfen.

Die Heil-Meditation wirkt – nach dem Gesetz von Ursache und Wirkung – hilfreich und segenbringend nicht nur für den Leidenden, dem sie gilt, sondern ebenso auch für denjenigen, der sie ausübt. Sie kann, ebenso wie die ihr zugrunde liegende Liebe-Strahlung, von Menschen der verschiedensten religiösen Überzeugungen und Weltanschauungen durchgeführt werden, sofern sie eine höhere geistig-göttliche Wirklichkeit des Daseins sowie das allgemeingültige ethische Grundgesetz des Lebens (Ursache-Wirkung-Gesetzmäßigkeit) und die damit gegebene Möglichkeit zu heilsamem geistigen Kräftewirken anerkennen. Insbesondere durch die Verbindung der Heil-Meditation (und der Liebe-Strahlung) mit dem Atemvorgang ist es auch *Nicht-Christen* in guter Weise möglich, einen Zugang zur Herzensmeditation und insbesondere zu deren besonderen Aspekten zu gewinnen und damit zu einer heilsamen und segensreichen Wirksamkeit auf der Basis allgemeingültiger geistiger Gesetzmäßigkeiten zu gelangen.

Dem *Christen* aber bietet die *Herzensmeditation* mit ihren besonderen Aspekten der *Liebe-Strahlung* und der *Heil-Meditation* – sofern er die Lehre Jesu ernst nimmt und sie zum Maßstab und Inhalt seines Lebens machen möchte – eine hervorragende Möglichkeit, die von Christus geforderte Grundhaltung der *liebevollen Hinwendung zu Gott und zum Mitmenschen* immer wieder zu üben und in sich zu festigen.

In der *Grundübung* als *Meditation des Namens Jesus Christus* ist der Meditierende *zu Gott hin* geöffnet und auf die *Einheit des Grundes* hin ausgerichtet. Die Liebe zu Gott wächst in dieser Meditation, und sie ist zugleich ihre verbindende und die göttliche Liebe anrührende Kraft.

In der *Liebe-Strahlung* öffnet sich der Meditierende der göttlichen Kraft der Liebe und leitet sie in helfend-gebender Gesinnung – erfüllt von Impulsen selbstloser Liebe – weiter *zu seinen Mitmenschen.* Ihnen ist er immer wieder wohlwollenden und gütigen Herzens zugewandt, und so wächst die Kraft der helfenden Liebe mit jeder Meditation in ihm.

In der *Heil-Meditation* als spezieller Ausprägung der Liebe-Strahlung erlangt die liebevoll-helfende *Hinwendung zum Nächsten* einen *konkreten und aktuellen Bezug*. Sie wird zur gezielten, auf Vermittlung heilsamer und heilender geistiger Kräfte gerichteten Meditation, und sie vermag ihre Wirksamkeit um so mehr zu entfalten, je mehr es dem Meditierenden gelingt, sich von allen widergöttlichen Neigungen und Regungen zu befreien, seinen Geist zu sammeln und zu vertiefen und sich in seinem gesamten Denken, Wollen und Empfinden den hohen Eigenschaften des reinen, göttlichen Geistes immer mehr anzunähern und zu einen.

8. Drei Fehlhaltungen bei Anfängern

Du mußt wissen, daß sich noch nie ein Mensch in diesem Leben so weitgehend gelassen hat, daß er nicht gefunden hätte, er müsse sich noch mehr lassen. Der Menschen gibt es wenige, die das recht beachten und darin beständig sind. Es ist ein gleichwertiger Austausch und ein gerechter Handel: So weit du ausgehst aus allen Dingen, so weit geht Gott ein. Damit heb an, und laß dich dies alles kosten, was du aufzubringen vermagst. Da findest du wahren Frieden und nirgends sonst.

Meister Eckehart, Predigten und Traktate

Der Erfolg der Meditation wird in Frage gestellt oder verhindert, wenn eine oder mehrere geistige Fehlhaltungen im Meditierenden vorhanden sind. Solche Fehlhaltungen liegen insbesondere vor:

1. Wenn der Meditierende durch äußere, willensmäßige Konzentration zum Erfolg zu gelangen versucht.

In einem solchen Fall ist der Außenbereich des Menschen, sein Welt-Ich, zu aktiv und angestrengt tätig. Eine solche Aktivität wirkt anstrengend, verkrampfend und Vertiefung verhindernd, da das Bewußtsein im Außenbereich des Welt-Ich festgehalten wird. Die Sammlung zur Tiefe hin und von der Tiefe her kann sich nur ergeben, wenn das Welt-Ich losgelassen wird und der natürlich-gesetzmäßige Meditationsablauf wie von selber zur Vertiefung und zur Sammlung führt.

Diese so gewonnene geistige Sammlung ist frei von Verkrampfung, und sie wirkt nicht ermüdend. Sie ist vielmehr gekennzeichnet durch eine ruhevolle Klarheit und Reinheit des Bewußtseins, durch körperliche und seelische Entspannung und durch das Empfinden eines Kraftzuwachses wie eines tiefen, inneren Wohlbefindens.

An dieser Stelle sei nochmals auf die rechte Einstellung den in der Meditation aufsteigenden ablenkenden Gedanken gegenüber hingewiesen. Diese sollen nicht willensmäßig abgewehrt oder unterdrückt werden. Bei rechter Meditation und gleichzeitiger Nichtbeachtung schwächen sich diese Gedanken ab, und sie beruhigen sich allmählich wie von selbst. Indem der Übende in der Meditation ohne Zwang und äußeren Willenseinsatz auf das Meditationswort hin gesammelt ist – und das Meditationswort andererseits ähnlich einem Magneten seine Aufmerksamkeit anzieht und das Bewußtsein zur Sammlung und Vertiefung führt –, ergibt sich durch die Vertiefung des Geistes eine Bewußtseinsveränderung, die gekennzeichnet ist von einem Abebben der groben und intensiven Gedankenbewegungen und dem Gewinn ruhevoller Klarheit.

2. *Wenn der Meditierende etwas Bestimmtes in der Meditation erwartet.*

Wurde zum Beispiel eine vorhergehende Meditation als besonders gut oder beglückend empfunden, so ergibt sich oft die Tendenz, nun die gleiche Erfahrung erneut zu erhoffen und zu wünschen. Eine solche erwartende Haltung verhindert jedoch mit Sicherheit den gewünschten Erfolg der Meditation, da sie, streng genommen, Ausdruck einer ichbezogenen, d. h. für sich selbst etwas suchenden Aktivität ist.

Je mehr eigene Wünsche, Vorstellungen und Absichten losgelassen zu werden vermögen, desto leichter und rascher gelangt der Meditierende zur guten und tiefen Meditation. Da ohnehin keine Meditation der anderen völlig gleicht, sollte er stets offen sein für das, was ihm als innere Erfahrung begegnen will. So kann er sich üben im Annehmen dessen, was ihm gesetzmäßig nach dem Willen Gottes – in der Meditation wie auch außerhalb derselben – zufallen soll.

3. Wenn der Meditierende eigene Vorstellungen bildet und diese zum Ziel seiner Meditation macht (betrifft insbesondere die Wort-Meditation).

Alle eigenen, selbsterzeugten Vorstellungen können nie in der Lage sein, die höchste Wirklichkeit zu erfassen und darzustellen. Selbst hohe und erhabene Vorstellungen – wie etwa die von Jesus Christus – sind nicht frei von menschlicher Unzulänglichkeit und Irrtum. Will der Mensch Jesus Christus und seinem göttlichen Geist wirklich in Wahrheit begegnen, so darf er seinen Geist nicht auf ein selbstgeschaffenes Bild fixieren, sondern muß ihn offen halten für die Erfahrung der Wirklichkeit und der Wahrheit, die immer anders sein wird als das Bild, das er sich zuvor vielleicht davon gemacht hat.

Die Herzensmeditation ist darauf angelegt, den Bereich des Bewußtseins der Erdenpersönlichkeit nicht nur auszuweiten, sondern zu überschreiten, um in der Berührung mit dem reinen, göttlichen Geist zur Erfahrung dessen zu gelangen, was unvorstellbar ist. Diese Begegnung mit dem wahren Leben des Geistes und seine Innewerdung im Menschen führt zur erleuchtenden Verwandlung und damit zum Ziel der Herzensmeditation.

9. Ergänzende Hinweise zur Praxis

*Die Seele ist geschaffen an einem Ort
zwischen Zeitlichkeit und Ewigkeit,
in die beide sie hineinragt.
Mit ihren höchsten Kräften
rührt sie an die Ewigkeit,
aber mit ihren untersten Kräften
berührt sie die Zeitlichkeit.
Seht, so wirkt sie in der Zeit
nicht nach der Zeitlichkeit,
sondern nach der Ewigkeit,
die sie mit den Engeln gemein hat.*

*In zeitlichen Dingen kann der
Heilige Geist nicht ausgeteilt werden.
Wenn sich aber der Mensch abkehrt
von zeitlichen Dingen
und zurück in sich selbst wendet,
da nimmt er ein himmlisches Licht wahr,
das von den Himmeln gekommen ist.*

*Niemand kann den rechten Weg gehen,
wenn er nicht früher im Lichte
der Betrachtung gesessen hat,
wo er gelernt hat,
die rechten Wege zu finden;
denn alle unsere Werke
müssen licht sein und sollen unserem
Nächsten in der Dunkelheit leuchten.*

Meister Eckehart

Um Mißverständnisse zu vermeiden, sei hier noch gesagt, daß aus verschiedenen Gründen zu empfehlen ist, grundsätzlich mit der Wort-Meditation als Grundübung zu beginnen. Eine wirkungsvolle Liebe-Strahlung wird in der Regel erst dann möglich, wenn die Wort-Meditation bereits über *längere* Zeit (über Jahre oder zumindest Monate hinweg) mit Erfolg geübt wurde. Es sei denn, ein Mensch besitze eine außergewöhnliche innere Reife und einen hohen Grad an Güte und Reinheit in seinem Empfinden und Denken. Was für die Liebe-Strahlung gilt, trifft in ähnlichem Maße für die Heil-Meditation zu.

Mit der Wort-Meditation ist nicht nur Weg und Ziel der Herzensmeditation klar und sicher gegeben, sondern sie führt auch relativ leicht und auf natürlichgesetzmäßige Weise zur Sammlung und Vertiefung des Geistes. Die Fähigkeit zur Sammlung und Vertiefung des Geistes aber ist eine wesentliche Grundlage auch der Liebe-Strahlung und der Heil-Meditation.

Daher ist grundsätzlich zu empfehlen, während der ersten Monate oder Jahre die Wort-Meditation allein und so lange zu üben, bis ein inneres Bedürfnis nach Ausübung der Liebe-Strahlung und der Heil-Meditation spürbar wird. Von diesem Zeitpunkt an ist es zweckmäßig, die Liebe-Strahlung oder die Heil-Meditation jeweils im Anschluß an die Wort-Meditation durchzuführen. Dies würde bedeuten, daß unmittelbar nach jeweils etwa 20 (oder 25) Minuten Wort-Meditation circa 10 (oder 5) Minuten lang die Liebe-Strahlung oder die Heil-Meditation durchgeführt würde.

Gebete, unmittelbar nach der Meditation durchgeführt, gewinnen infolge des beruhigten und vertieften Geistes des Meditierenden an Kraft, Tiefe und Spontaneität. Sie kommen mehr von Herzen und sind daher in weit höherem Maße geeignet, das gütige Herz Gottes anzurühren.

Die Zeit unmittelbar im Anschluß an die Meditation ist aus dem gleichen Grund auch besonders geeignet für spezielle diskursive oder kontemplative Betrachtungen. Solche Betrachtungen sind angebracht und zu empfehlen, wenn besondere – den geistigen Weg oder die allgemeine Lebenssituation betreffende – Probleme oder Fragestellungen vorhanden sind und zur Klärung drängen. Der Meditierende sollte sich dann unmittelbar nach Beendigung der Herzensmeditation, während er in der gleichen Sitzhaltung verbleibt, das betreffende Problem oder die Fragestellung geistig vor Augen halten und sie einer ruhig-gesammelten Betrachtung unterziehen. Dies kann in Form einer diskursiven Betrachtung geschehen, in welcher das zu klärende Problem Gegenstand des betrachtenden Nachdenkens ist, wobei ein Gedanke dem anderen folgt und das Problem von außen her von allen Seiten beleuchtet wird. In der kontemplativen Betrachtung dagegen tritt die diskursive, gleichsam um die Oberfläche der Dinge kreisende Gedankenbewegung weitgehend zurück, und der in weit höherem Maße gesammelte Geist wird fähig zum umfassenden und durchdringenden Blick. So wird es möglich, in ruhiger Betrachtung das Wesen eines Problems oder einer Sache zu erfassen und von innen her zu erhellen. (Zum Beispiel könnte eine Betrachtung angestellt werden über Fragen wie: »Wer bin ich in Wahrheit?«, »Worin erkenne ich den Sinn und den Auftrag meines Lebens?«, »Was hindert mich immer wieder daran, das

zu tun, was ich als richtig und notwendig erkannt
habe?«, »Was ist Wahrheit?« und ähnliches.)
Der auf dem geistigen Wege Voranschreitende sollte
– geleitet von rechter Erkenntnis und aus der Kraft
seines innersten Wollens – immer wieder den festen
Entschluß fassen, das Gute und Heilsame zu tun. Solche
»Herzensentschlüsse zum Guten« können ebenfalls unmittelbar im Anschluß an die Meditation mit erhöhter
Wirksamkeit gefaßt bzw. erzeugt werden. (Zum Beispiel »Ich werde stets freundlich, wohlwollend, wahrhaftig, geduldig und gleichmütig sein« oder ähnliches.)
Je mehr die regelmäßige Meditation ergänzt wird
vom Streben nach wegweisender und heilsamer Erkenntnis und vom rechten, ethisch einwandfreien Verhalten im Alltag – und darüber hinaus auch vom Gebet, von besonderen hilfreichen Betrachtungen und vom
Herzensentschluß zum Guten –, desto fördernder wirkt
dies wiederum auf die Meditation und auf das Vorankommen auf dem geistigen Wege überhaupt. So wird
das ganze Leben mehr und mehr einbezogen in eine
aufwärtsgerichtete Entwicklung und in einen Reifungs-
prozeß, der zum Heileren und Helleren hinführt. Und
so wird es immer leichter möglich, in der Herzensmeditation (Grundübung) zu tiefen und beglückenden
Erfahrungen des Einsseins zu gelangen und in der Liebe-
Strahlung allmählich zur wahrhaft allumfassenden, alle
Menschen und Wesen einbeziehenden wohl-wollenden
und wohl-wünschenden Güteauswirkung hinzuwachsen.
Die positive Wirkung dieser Übung auf die Charakter-
bildung kann nicht genug betont werden. Wo auf-
bauend-heilsame Kräfte entfaltet und gestärkt werden,
bleibt wenig Raum für die entgegengesetzten negativ-
unheilsamen Antriebe. Dennoch ist es förderlich und zu
empfehlen, bei Beginn der Übung alle eventuell noch

vorhandenen Regungen des Hasses oder der Abneigung - und mögen sie als noch so gering und unbedeutsam erscheinen - *bewußt* loszulassen und aufzugeben. Die Liebe-Strahlung führt insbesondere zur Überwindung aller Formen des Übelwollens und der Abneigung. Auch Neid, Mißgunst und Kritiksucht sowie das belastende Verhaftetsein an die gegenständliche Welt schwinden allmählich durch die Entfaltung der Güte und der Mitfreude, eines der weiteren Aspekte der Herzensmeditation. Die Mitfreude kann ebenso wie die selbstlos -helfende Liebe, das Mitleid als erbarmendes Mitempfinden, der Gleichmut und die Demut in besonderer Weise geübt werden. Jede dieser Übungen bewirkt allmählich in der ihr gemäßen Weise heilsame innere Umwandlungen.

Die Grundübung der Herzensmeditation wie auch die Entfaltung ihrer besonderen Aspekte führt zum Aufleuchten des göttlichen Geistes im Menschen mit allen segensreichen Auswirkungen und Umwandlungen, welche einen gefestigten Charakter, eine aufrichtig -wohlwollende geistige Haltung und ein entsprechendes Verhalten in Gedanken, Worten und Taten zur Folge hat.

10. Der christliche und der allgemein-religiöse Aspekt der Herzensmeditation

Keine leibliche Wiedergeburt ist möglich ohne eine geistige . . . Aus sich selbst muß sich der Mensch auch physisch regenerieren, und das einzige Mittel, das einzige Prinzip der Rettung ist der Geist. Nur eine neue Kraft des Geistes, am göttlichen Urquell entzündet, und ein reines Herz, das Einfalt und Sitte zurückführt, können eine neue Lebensquelle in der erstorbenen Masse erschaffen, wodurch dann auch sicher ein neues Leben, Reinheit, Frischheit und Kraft in der physischen Natur geboren werden wird. Der Halbgeborene muß ganz geboren werden.

Christoph Wilhelm Hufeland, Geschichte der Gesundheit[12]

---

[12] Zitiert nach Zeller: *Arztstimmen*, Hippokrates Verlag, Stuttgart 1937.

Die Grundübung der Herzensmeditation (Wort-Meditation) zielt eindeutig und geradlinig auf Christus und den in ihm gegenwärtigen reinen göttlichen Geist. Damit besitzt sie für *alle* Christen – mögen sie dieser oder jener Konfession angehören – in gleicher Weise Bedeutung und Gültigkeit.

Die besonderen Aspekte der Herzensmeditation jedoch – die sich entweder aus der Wort-Meditation ergeben oder besonders geübt werden können – überschreiten und übergreifen die Grenzen des »Christlichen«. Selbstlose Liebe als Güteauswirkung, Mitleid als erbarmendes Mitempfinden, Mitfreude, Gleichmut und Demut sind Eigenschaften, welche, vom ethischen Gesichtspunkt her gesehen, die Grundlage jeder wahren menschlichen Lebensgemeinschaft bilden. Wer darüber hinaus um geistige Befreiung und Loslösung von allem Unheilsamen bemüht ist, muß unablässig um die Verwirklichung dieser fünf Grundhaltungen bemüht sein.

Eine wahre, alle weltanschaulichen und religiösen Grenzen überschreitende Gemeinschaft des Geistes wird möglich, wo Menschen ernsthaft um Verwirklichung der genannten göttlichen Eigenschaften bemüht sind. Ein jeder erfüllt dann die hohen Weisungen *seiner* Religion, ohne dabei in einen Gegensatz zu den anderen zu gelangen, die ebenso wie er in erster Linie die praktische Verwirklichung und das sich daraus ergebende gemeinsame und verbindende Positive vor Augen haben und nicht so sehr das Unterscheidende und Trennende.

11. Wer die Herzensmeditation übt, ist nicht allein

Die Meditation verändert das Bewußtsein so, daß ihm etwas gegeben wird, das ihm vorher nicht gegeben werden konnte.

Carl Friedrich von Weizsäcker, Zum Weltbild der Physik

Die regelmäßige rechte Übung der Herzensmeditation bewirkt einen immer enger werdenden Kontakt mit dem überweltlich-göttlichen Geist. Dieser Kontakt wird spürbar als wachsende innere Erleuchtung und Führung, als beglückende, mit innerem Frieden vereinte, wachsende geistig-seelische Kraft und Klarheit. Auch die Fähigkeit zur helfenden, selbstlosen Liebe wächst wie alle anderen positiven Eigenschaften und Fähigkeiten.

Die weitgehend verloren gegangene Verbindung mit dem Bereich des reinen, heilen Geistes, dem die Urkraft des Guten als schöpferisch-helfende Kraft innewohnt, wird in der Herzensmeditation mehr und mehr wiederhergestellt.

Die reinste und kraftvollste Verkörperung dieses überweltlich-göttlichen Geistes trat den Menschen in Jesus Christus auf Erden entgegen. Sein irdischer Opfergang ist Ausdruck reinster Liebe, kraftvollster Selbstüberwindung, höchster Hingabe und unbegreiflicher, sich selbst aufopfernder Hilfsbereitschaft. Sein reines geistig-göttliches Wesen blieb unzerstörbar und unberührbar durch den irdischen Tod. Seine Existenz ist höchste geistige Realität und kann auch heute erfahren werden. In Jesus Christus ist jene überweltliche Kraft, Liebe und Weisheit vereint, die ihn als Führer und Beschützer unseres Lebens wirksam sein läßt. Sind wir mit ihm vereint, so sind wir der erhabensten, stärksten und heilbringendsten Macht des unendlichen Alls angeschlossen.

In der Herzensmeditation gehen wir Jesus Christus, dem Herrn allen Lebens, und damit dem Heil entgegen.

Wir empfehlen allen Meditierenden, das bereits oben erwähnte Kurzgebet »Herr Jesus Christus, erfülle mich (uns) mit deiner Kraft des höchsten Heiles (und der Heilung) . . .« am Ende jeder Meditation in der erweiterten Fassung zugleich als Fürbitte für alle die Herzensmeditation Übenden durchzuführen. Der Kreis der Meditierenden bildet damit eine große, an Ort und Zeit nicht gebundene, sich gegenseitig stützende und mittragende geistige Gemeinschaft. Diese gemeinsame Fürbitte aller Meditierenden für alle Meditierenden ist eine große und hilfreiche Kraft, da sie die lebendige Kraft Gottes erbittet und nach dem Maße ihrer selbstlos-innig-vertieften Geisteshaltung Hilfe und Segen erwarten darf.

Diese Fürbitte wird zugleich zur Heilungsfürbitte für alle körperlich und seelisch Kranken und Geschwächten. Denn wir bitten im Anschluß an die Meditation »Herr Jesus Christus, erfülle *uns* mit deiner Kraft des höchsten Heiles und der Heilung . . .« In das »uns« schließen wir alle diejenigen ein, die irgendwo die Herzensmeditation üben. Doch es ist natürlich einem jeden freigestellt und zu empfehlen, darüber hinausgehend die Angehörigen, Freunde und Bekannten, ja alle Menschen auf dieser Erde und alle Wesen im unendlichen All einzuschließen. In dem Maße, wie dieses Fürbitte-Gebet sich vertieft und zugleich umfassender wird, nähert es sich der bereits erwähnten Liebe-Strahlung, um schließlich in sie überzugehen. Es bleibt dem Geübten belassen, ohne das Kurzgebet sogleich mit der Liebe-Strahlung zu beginnen. Diese Liebe-Strahlung (und die sich aus ihr heraus entwickelnde Heil-Meditation) erreicht immer höhere Grade der Vervollkommnung und zugleich immer segensreichere Auswirkungen, je reiner das Herz des Meditierenden wird, je liebevoller, selbstloser und hingebender er sich dem Geist Gottes zu öffnen, ihn durch sich hindurch wirken zu lassen und weiterzuleiten vermag. Wer aus dem Geist Gottes und seiner Fülle Hilfe für andere erbittet, wird auch an sich selbst heilsame Wirkungen erfahren. Eine göttliche Gesetzmäßigkeit wird hier in ihren Auswirkungen spürbar. Hierin ist das Geheimnis eines reichen und beglückenden Lebens begründet.

Wer alles recht bedenkt, kommt zu dem Schluß, daß er für sich und für seine Mitmenschen nichts Besseres tun kann, als – neben einem rechten und hilfreich-heilsamen Verhalten im Alltag – durch regelmäßige Meditation den eigenen Geist zum immer innigeren Kontakt mit dem göttlich-geistigen Urquell des Lebens fähig zu machen und zugleich im Gebet Hilfe und Heil auch für andere zu erbitten. Das Gebet und die Liebe-Strahlung, die aus einem vertieften Geist und einem geläuterten und liebevollen Herzen kommen, haben hilfreiche Kraft, da der Geist Gottes in ihnen lebendig ist als ihr wahres Leben.

Wir möchten betonen, daß *neben* dem »Stillewerden« vor Gott und in Gott, wie dies in besonderer Weise in der Herzensmeditation geübt wird, auch das aktive, ringende Gebet und der immer wieder zu erzeugende Herzensentschluß zum Guten als heilsame Willenswendung und Willensstärkung auf dem Weg zur geistigen Freiheit zu pflegen und zu üben sind. Meditation (geistige Vertiefung mit innerer Öffnung, Hingabe und Stille vor Gott) und die aktiven Formen des Gebetes und des Entschlußfassens (mit aktivem Einsatz aller Kräfte des Geistes und der Seele) sind die beiden elementaren Pfeiler eines erfolgreichen Weges zur Freiheit und zum Heil. Beide ergänzen sich und beide sind notwendig wie die zwei Füße eines Wanderers, der seinen Weg geht.

LITERATURVERZEICHNIS

Albrecht, Carl: *Das mystische Wort. Erleben und Sprechen in Versunkenheit*, Matthias Grünewald Verlag, Mainz 1974

Albrecht, Erika: *Im ewigen Jetzt. Erfahrung lebendiger Eckhart-Mystik*, Aurum Verlag, Freiburg 1975

Aurobindo, Sri: *Der integrale Yoga*, Rowohlt, Hamburg 1957

Aurobindo, Sri: *Die Synthese des Yoga*, Verlag Hinder & Deelmann, Bellnhausen 1972

Bennet, E. A.: *C. G. Jung. Einblicke in Leben und Werk*, Rascher Verlag, Zürich und Stuttgart 1963

Bhagavadgita, Rascher Verlag, Zürich 1954

Bhave, Vinoba: *Gespräche über die Gita*, Verlag Hinder & Deelmann, Gladenbach 1974

Bircher, Max Edwin: *Meditationen über die Heilung. Hinwendung zur Mitte*, Ernst Reinhardt Verlag, München/Basel 1959

Bitter, Wilhelm (Hrsg.): *Abendländische Therapie und östliche Weisheit*, Ernst Klett Verlag, Stuttgart 1968

Böhme, Jakob: *Christosophia. Ein christlicher Einweihungsweg*, hrsg. und erläutert von Gerhard Wehr, Aurum Verlag, Freiburg 1975

Bodmershof, Wilhelm: *Geistige Versenkung*, Kober'sche Verlagsbuchhandlung, Zürich 1965

Chi-Chi: *Dhyana. Meditationsanweisungen des chinesischen Meisters Chi-Chi aus Tien-Tai*, O. W. Barth Verlag, München 1960

Dalai Lama: *Das Auge der Weisheit. Grundzüge der buddhistischen Lehre für den westlichen Leser*, O. W. Barth Verlag, München 1975

Dessauer, Philipp: *Die naturale Meditation*, Kösel Verlag, München 1961

Dürckheim, Karlfried Graf: *Hara, die Erdmitte des Menschen*, O. W. Barth Verlag, München 1956

Enomiya-Lassalle, Hugo M.: *Meditation als Weg zur Gotteserfahrung*, Verlag J. P. Bachem, Köln 1972

Enomiya-Lassalle, Hugo M.: *Zazen und die Exerzitien des heiligen Ignatius*, Verlag J. P. Bachem, Köln 1975

Enomiya-Lassalle, Hugo M.: *Zen-Meditation für Christen*, O. W. Barth Verlag, Weilheim 1969

Enomiya-Lassalle, Hugo M.: *Zen, Weg zur Erleuchtung*, Herder Verlag, Wien 1960

Fromm, E./Suzuki, D. T./de Martino, R.: *Zen-Buddhismus und Psychoanalyse*, Suhrkamp Taschenbuch Verlag, Frankfurt 1972

Govinda, Lama Anagarika: *Grundlagen tibetischer Mystik*, Rascher Verlag, Zürich 1956

Govinda, Lama Anagarika: *Die psychologische Haltung der frühbuddhistischen Philosophie*, Rascher Verlag, Zürich 1962

Hecker, Hellmuth: *Das Leben des Buddha*, Buddhistisches Seminar, Hamburg 1973

Das Herzensgebet. Mystik und Yoga der Ostkirche, O. W. Barth Verlag, München 1957

Hildegard von Bingen: *Wisse die Wege. Scivias*, Otto Müller-Verlag, Salzburg 1954

Inayat Khan, Vilayat: *Stufen einer Meditation. Nach Zeugnissen der Sufi*, O. W. Barth Verlag, Weilheim 1962

Jaegen, Hieronymus: *Das mystische Gnadenleben*, F. H. Kerle Verlag, Heidelberg 1949

Johannes vom Kreuz: *Empor den Karmelberg*, Johannes Verlag, Einsiedeln 1964

Jung, C. G.: *Bewußtes und Unbewußtes*, Fischer Bücherei, Frankfurt 1957

Jungclausen, Emmanuel (Hrsg.): *Aufrichtige Erzählungen eines russischen Pilgers*, Herder Verlag, Freiburg 1974

Kapleau, Philip: *Die drei Pfeiler des Zen*, Rascher Verlag, Zürich und Stuttgart 1969

Langen, Dietrich: *Archaische Ekstase und asiatische Meditation mit ihren Beziehungen zum Abendland*, Hippokrates Verlag, Stuttgart 1963

Laotse: *Von Sinn und Leben*, Eugen Diederichs Verlag, Jena 1921

Lercaro, Giacomo Kardinal: *Wege zum betrachtenden Gebet*, Herder Verlag, Freiburg 1959

Linnewedel, Jürgen: *Mystik Meditation Yoga Zen*, Quell Verlag, Stuttgart 1975

Loyola, Ignatius von: *Die geistlichen Übungen*, O. C. Recht Verlag, München 1921

Lu K'uan Yü: *Geheimnisse der chinesischen Meditation*, Rascher Verlag, Zürich und Stuttgart 1967

Massa, Willi: *Kontemplative Meditation. Die Wolke des Nichtwissens*, Matthias Grünewald Verlag, Mainz 1974

Massa, Willi (Hrsg.): *Der Weg des Schweigens, christliches Zen* (vom Autor der *Wolke des Nichtwissens*), Verlag Butzon & Bercker, Kevelaer 1974

Mechthild von Magdeburg: *Das fließende Licht der Gottheit*, Verlag der Jos. Kösel'schen Buchhandlung, Kempten und München 1911

Meister Eckehart: *Deutsche Predigten und Traktate*, hrsg. und übers. von Josef Quint, Carl Hanser Verlag, München 1963

Meister Eckehart: *Schriften*, übertragen und eingeleitet von Hermann Büttner, Eugen Diederichs Verlag, Jena 1934

Milarepa – Tibets großer Yogi auf dem Weg zu Wissen und Erlösung, Baum Verlag, Pfullingen 1956

Miyuki, Mokusen (Übers. und Kommentator): *Kreisen des Lichtes. Die Erfahrung der goldenen Blüte*, O. W. Barth Verlag, Weilheim 1972

Muralt, Raoul von (Hrsg.): *Meditations-Sutras des Mahayana-Buddhismus*, 2 Bd., Origo Verlag, Zürich 1956

Nyanaponika: *Geistestraining durch Achtsamkeit*, Verlag Christiani, Konstanz 1970

Nyanaponika (Hrsg.): *Die Lehrreden des Buddha aus der angereihten Sammlung*, 5 Bd., Verlag M. DuMont Schauberg, Köln 1969

Nyanaponika: *Satipatthāna, der Heilsweg buddhistischer Geistesschulung*, Verlag Christiani, Konstanz 1950

Paracelsus: *Vom Licht der Natur und des Geistes*, Auswahl Kurt Goldammer, Reclam, Stuttgart 1960

Rabbow, Paul: *Seelenführung, Methodik der Exerzitien in der Antike*, Kösel Verlag, München 1954

Radhakrishnan, S.: *Die Bhagavadgita*, R. Löwit GmbH, Wiesbaden

Die Reden Gotamo Buddhos. 3. Bd., übertr. von K. E. Neumann, Artemis Verlag, Zürich/P. Zsolnay Verlag, Wien 1956

Rieker, Hans-Ulrich: *Meditation. Übungen zur Selbstgestaltung*, Rascher Verlag, Zürich und Stuttgart 1962

Schmida, Susanne: *Die Kategorien der Psychologie*, Ernst Reinhardt Verlag, München/Basel 1970

Schmida, Susanne: *Perspektiven des Seins*, Ernst Reinhardt Verlag, München/Basel 1968

Schmida, Susanne: *Strukturen des Selbstbewußtseins*, Ernst Reinhardt Verlag, München/Basel 1973

Selawry, Alla: *Das immerwährende Herzensgebet*, O. W. Barth-Verlag, Weilheim 1970

Shibayama, Zenkei: *Zen in Gleichnis und Bild*, O. W. Barth Verlag, München 1974

Theresia von Jesu: *Die Seelenburg*, Kösel Verlag, München und Kempten 1960

Uchiyama, Kosho: *Weg zum Selbst, Zen-Wirklichkeit*, O. W. Barth Verlag, München 1973

Der Weg zur Reinheit. Visuddhi-Magga, aus dem Pali übers. von Nyanatiloka, Verlag Christiani, Konstanz 1975

Zimmer, Heinrich: *Yoga und Buddhismus*, Insel Verlag, Frankfurt 1973

ÜBER DEN AUTOR

Siegfried Scharf wurde 1923 in Schlesien geboren. 1946 begann er, sich intensiv graphologischen und psychologischen Studien zu widmen. Bereits 1949 kam Scharf mit der Lehre des Buddha in Berührung, die seinem Leben eine wesentliche Prägung gab. 1956 wurde er für zwei Jahre Mitarbeiter des Asien-Institutes in Frankenau in Hessen und übernahm dort u. a. die inhaltliche Gestaltung einer vielbeachteten Ausstellung, die neben Kunstwerken aus der Ostasien-Sammlung Exner vor allem einen Einblick in die Lehre des Buddha gab. 1957 folgte, in ähnlicher Gestaltung und Mitwirkung, eine Yoga-Ausstellung.

Nach gründlichem Kennenlernen der östlichen Weisheitslehren verstärkte sich bei Scharf immer mehr der Wunsch nach lebensnaher Umsetzung und Vertiefung dessen, was theoretisch, verstandesmäßig begriffen worden war. Er begann, die bekannten Methoden der Vertiefung zu erforschen und zu praktizieren. Jahrelanges Üben der verschiedenen, zur inneren Sammlung führenden Wege erschloß ein wachsendes Verständnis für den allen großen Religionen zugrunde liegenden Wahrheitsgehalt und ließ erkennen, daß es möglich ist, durch geeignete Übungen der Vertiefung einen Zugang zur Erfahrung höherer geistiger Wirklichkeit zu finden. Auf dieser Grundlage ergab sich 1969 als Folge der inneren Entwicklung die Zuwendung zu Jesus Christus. Aus diesem Erleben heraus erwuchs die Herzensmeditation als Übung der Stille und der Hinwendung zur göttlich-geistigen Wirklichkeit.

Die Herzensmeditation – Elemente des christlichen Gebetes und der östlichen Meditation in sich vereinend – fand ein breites Interesse, so daß sich 1970 der *Freundeskreis für Erkenntnis und Vertiefung* in Kemmenau bei Bad Ems bildete. In den monatlichen *Kemmenauer Gesprächen* wurden hier in einer offenen und freien Weise neben allgemein interessierenden geistig-religiösen Fragen insbesondere solche der Meditation behandelt und Anleitungen für die Herzensmeditation gegeben. Die Übungen der Liebe-Strahlung und der Heil-Meditation nahmen dabei, als besondere Aspekte der Herzensmeditation, einen wesentlichen Platz ein.

Der Freundeskreis sah seine Aufgabe darin, Hilfen zu geben zur geistigen Klärung und meditativen Vertiefung im Sinne einer Heilwerdung des Menschen in seiner Ganzheit von Geist, Seele und Leib und der damit verbundenen Ausrichtung der Lebensführung. Durch Gesprächs- und Meditationswochenenden und Meditationskurse war die Möglichkeit zu weiterer Klärung und Vertiefung gegeben.

S. Scharf lebt – nach langjähriger Tätigkeit als Heilpraktiker in Deutschland – seit 1988 in Kanada. Hier entstand, nach fast dreißigjähriger Bekanntschaft mit dem Raphael-Schriftwerk, das Buch: *Die rettende Hand Gottes – Raphaels Botschaft zur Zeitenwende* und das in Kürze zur Veröffentlichung vorgesehene Buch *Die Macht des Friedens – und der Weg zur Freiheit und Leidüberwindung.*

In beiden Büchern kommt die Grundeinstellung des Autors zum Ausdruck, daß nicht mehr das Trennende, sondern die in den großen Religionen zum Ausdruck kommende gemeinsame Wahrheit zukünftig vor allem gesehen und beachtet werden sollte, um dem Geist einer neuen Zeit zum Durchbruch zu verhelfen. »Das Trennende liegt im Vordergründigen, in den unterschiedlichen Weisen des Denkens, Glaubens und Handelns. In der Vertiefung schwinden die Gegensätze, wird Einheit erfahren.«

Das führende Magazin für Neues Denken und Handeln

Das Bewußtsein bestimmt die Welt um uns herum. Vom Bewußtsein hängt es ab, ob Sie ein glückliches, sinnerfülltes oder scheinbar glück- und „sinnloses" Leben führen. Es prägt unser Denken und Handeln.

Das ist das Spezialgebiet von **esotera**: das „Wesentliche" des Menschen, sein Bewußtsein, seine verborgenen inneren Kräfte und Fähigkeiten. **esotera** gewährt Einblick in die „wahre Wirklichkeit" hinter dem „Begreifbaren".

Und gibt Antworten auf die brennenden Fragen, die irgendwann jeden zutiefst bewegen: Woher wir kommen – und wohin wir gehen.

esotera weist Wege aus der spirituellen Krise unserer Zeit. Wege zu einem erfüllteren Dasein: mit kompetenter Berichterstattung über neueste und uralte Erkenntnisse, mit faszinierenden Reportagen, aktuellen Serien und praktischen Info-Rubriken: z.B. Literatur-, Musik- und Video-Besprechungen, Leser-Forum, Marktnische usw.

Die ständigen Themenbereiche in jedem Heft:
**Neues Denken und Handeln
Ganzheitliche Gesundheit
Spirituelle Kreativität
Esoterische Lebenshilfen
Urwissen der Menschheit
Paranormale Erscheinungen**

Und jeden Monat das „KURS-BUCH", die umfangreichste Zusammenstellung esoterischer und spiritueller Veranstaltungen, Kurse, Reisen und Seminare weltweit.

Im Zeitschriftenhandel. Oder Probeheft direkt von

Verlag Hermann Bauer KG,
Postfach 167, 79001 Freiburg
Bestell-Tel. 0180/5001800
Bestell-Fax 0761/701811

e-mail: info@esotera.freinet.de
Internet: http://www.esotera-magazin.de